생명체를 만난다는 것은

자연이 들려주는 생명 관찰 이야기
생명체를 만난다는 것은

초판 2쇄 발행일 2022년 11월 10일
초판 1쇄 발행일 2021년 8월 20일

지은이 임권일
펴낸이 이원중

펴낸곳 지성사 **출판등록일** 1993년 12월 9일 **등록번호** 제10-916호
주소 (03458) 서울시 은평구 진흥로 68 2층
전화 (02) 335-5494 **팩스** (02) 335-5496
홈페이지 www.jisungsa.co.kr **이메일** jisungsa@hanmail.net

© 임권일, 2021

ISBN 978-89-7889-471-5 (73470)

잘못된 책은 바꾸어드립니다. 책값은 뒤표지에 있습니다.

자연이 들려주는 생명 관찰 이야기

생명체를 만난다는 것은

글·사진 **임권일**

지성사

| 들어가는 글 |

생명을 관찰하고 존중하는
마음을 생각해요!

    선생님은 오랫동안 자연 속 생물들을 관찰하는 일을 해 오고 있어요. 사계절 내내 전국 곳곳의 산과 들, 강과 호수, 바다와 갯벌 등을 다니면서 다양한 생물들을 촬영하고 기록하고 있지요. 하지만 예전에 탐사했던 곳을 다시 방문해 보면 서식지가 크게 훼손되거나 사라진 경우를 많이 보게 돼요. 사람을 위한다는 구실로 자연을 개발하면서 수많은 생물의 보금자리를 파괴해 버린 것이에요. 그런 모습을 볼 때마다 너무나 안타깝고 허탈한 마음이 들었어요.

    이 땅에 살아 있는 모든 생명체는 나름의 존재 이유가 있어요. 사람들 입장에서는 하찮고 미약해 보이는 생물일지라도 그들은 어엿하게 생태계의 한 축을 담당하고 있지요. 여러분이 안락한 삶을 누릴 수 있는 이유는 그러한 생물들의 희생과 도움이 있었기 때문이랍니다. 게다가 한 생물의 멸종과 서식지 파괴는 그것으로 끝나는 게 아니에요. 그 피해는 고스란히 다른 동물에게 이어지고, 결국에는 인간에게 엄청난 피해를 안기게 돼요. 예컨대 코로나 19, 메르스 같은

감염병은 인간이 그들의 터전을 침범하면서 나타난 결과 중 하나예요. 인간이 동물과 공존하려면 무엇보다 그들을 하나의 생명체로 대해야 해요.

이 책 『생명체를 만난다는 것은』은 선생님이 우리 자연 곳곳을 직접 다니면서 생물을 관찰하며 가졌던 생각과 느낌을 정리한 책이에요. 봄, 여름, 가을, 겨울 그리고 다시 봄으로 이어지는 대자연의 순환 속에서 사람은 어떤 역할을 해야 하는지, 또 자연 속 생물들을 어떻게 대해야 하는지 알려 주고 있어요. 이 책을 읽으면서 사람과 자연의 관계를 깊이 있게 생각하는 기회를 가져 보세요. 그리고 그 같은 활동을 통해 세상을 바라보는 안목과 힘을 길러 보세요.

임권일

차례

들어가는 글 · 4

봄

늦잠 자는 두꺼비와 도마뱀 · 11
멧토끼가 나타났다! · 20
저어새를 부르는 계절 · 26
작은 미꾸라지, 좀수수치를 보다 · 34
도롱뇽 알을 관찰하다 · 43
흰물떼새야, 넌 왜 다친 척하니? · 50

여름

뻐꾸기는 정말 나쁜 엄마일까? · 59
똥을 들고 다니는 잎벌레 · 65
구례 양비둘기를 만나러 가다 · 73
기수갈고둥과 대추귀고둥 · 79
금개구리를 만나러 가다 · 86
해수욕장에 사는 표범장지뱀 · 93

가을

탐진강 갈대밭의 주인, 붉은발말똥게 • 103
영광 호랑이의 흔적을 찾아 나서다 • 110
희한하게 생긴 육상플라나리아 • 116
무안 바다와 갯벌에서 물고기를 찾다 • 122
땅 위의 청소 일꾼들을 만나다 • 128
작고 매력적인 깡충거미의 세계 • 136

겨울

함평 먹황새를 만나다 • 147
무안 폐광을 탐험하다 • 154
고성 독수리를 만나러 가다 • 161
소백산 여우를 만나다 • 167
주암호 큰오색딱다구리를 만나다 • 172
고금도에서 삵을 만나다 • 179

다시 봄

떠나지 못한 큰고니, 겨울잠에서 깬 구렁이 • 187

생명을 대하는 마음 자세는…

✹ 편견을 가지면 안 돼요

✹ 함부로 도구를 이용하지 않아요

✹ 습성을 알아야 해요

✹ 붙잡지 않고 있는 그대로 관찰해요

✹ 이름을 붙이고 구분해요

✹ 자세를 낮추고 눈높이에서 들여다보아요

✹ 자세히 관찰해요

✹ 인내심이 필요해요

봄

늦잠 자는 두꺼비와 도마뱀
멧토끼가 나타났다!
저어새를 부르는 계절
작은 미꾸라지, 좀수수치를 보다
도롱뇽 알을 관찰하다
흰물떼새야, 넌 왜 다친 척하니?

늦잠 자는 두꺼비와 도마뱀

　겨울은 많은 생명에게 고난의 계절이에요. 먹이가 부족해지는 데다, 매섭게 몰아치는 강추위까지 혹독한 환경을 견뎌 내기가 쉽지 않지요. 그래서 먹이가 풍부한 곳을 찾아, 따뜻한 환경을 찾아 끊임없이 이동하며 살아가는 종들이 많아요. 아프리카 사바나에 사는 초식 동물은 건기와 우기가 되면 대이동을 시작해요. 철새들 역시 해마다 먼 거리를 날아 옮겨 다니며 살아요. 사람도 아주 오랜 시간 풍성한 먹이와 안락한 보금자리를 찾아 이동하는 생활을 해 왔어요. 지금과 같이 한곳에 정착해서 사는 삶은 200만 년가량의 인류 역사에서 그리 오래되지 않았답니다.

　이와는 달리 동물 중에는 다른 방법으로 겨울을 보내는 녀석들이 있어요. 바로 겨울잠을 자는 동물들이에요. 긴 거리를 이동하는 동물들에 비하면 조금 더 소극적인 방법으로 겨울을 보내는 셈이지요.

곰이나 뱀, 개구리와 같은 동물은 추운 겨울을 피해 동굴이나 나무 굴, 땅속에 들어가 겨울을 보내요. 가을철에 먹이를 많이 먹고 살을 찌우며 에너지를 모아 두어야 기나긴 겨울을 견딜 수 있어요. 곤충은 생활 주기를 알이나 번데기, 유충 상태로 지내는 방법을 쓰기도 해요. 저마다 방법은 다르지만, 추운 겨울을 이겨 내며 보다 효과적으로 종을 유지하기 위한 방향으로 진화해 온 거예요.

봄은 잔인한 계절이에요. 씨앗 하나가 땅을 뚫고 올라오려면 얼마나 힘이 들까요? 겨우내 꽁꽁 얼어붙은 맨땅을 뚫고 올라오는 것

꽃샘추위에도 아랑곳없이 꽃들이 피어났어요.

만큼 힘들고 수고로운 일이 또 있을까요? 힘들단 내색 한 번 하지 않고, 녀석들은 오롯이 주변의 환경에 맞춰 싹을 틔우는 데에만 온 정성을 다해요. 세차게 내리누르는 압력을 이겨 내고 힘겹게 싹을 틔우는 작은 씨앗의 경이로움. 무엇 하나 주지 않아도 스스로 자라나는 강인함. 녀석들은 지난겨울부터 봄에 싹을 틔우기 위해 끝없이 노력해 왔어요.

이른 봄, 계곡을 찾았어요. 계곡이라는 말이 무색할 정도로 규모는 아주 작지만, 이곳의 생물들에게 없어서는 안 될 귀한 공간이에요. 여기에서는 도롱뇽이 알을 낳고, 산개구리가 겨울잠을 자며, 산새들이 와서 목을 축이고 몸단장을 해요. 작은 계곡에 의지해 살아가는 생물은 사람들이 생각하는 것보다 훨씬 많아요. 아직 숲은 겨울잠에서 깨어나지 않은 듯해요. 도롱뇽 알도, 산개구리 울음소리도 들리지 않아요. 변함없이 흘러내리는 계곡 물소리만이 숲의 정적을 깨뜨리고 있어요. 계곡에서 흘러내린 물은 다랑논 사이를 지나 바로 저수지로 들어가 그 끝을 맺으며 다시 새로운 여정을 시작해요.

계곡을 따라 산을 오르고 있을 때였어요. 낙엽 사이로 바스락거리는 소리가 들려왔어요. 거대한 몸집의 두꺼비가 낙엽 밖으로 모습을 드러냈어요. 이제 막 겨울잠에서 깬 듯한 모양이에요. 가까이 다가가자 위협을 느꼈는지 다시 낙엽 속으로 모습을 감추어요. 슬그

겨울잠에서 막 깬 듯한 두꺼비가 낙엽 밖으로 모습을 드러냈어요.

머니 몸을 피하니 한참 뒤에 다시 모습을 드러내요. 오돌토돌 돌기가 솟은 녀석의 피부에는 무서운 독이 들어 있어요. 녀석은 위협을 느끼면 독을 분비하는데 그 독성이 상당이 센 편이에요. 사람들이 녀석을 황소개구리로 잘못 알고 잡아먹었다가 목숨을 잃는 것은 바로 이러한 독 성분 때문이에요. 녀석의 독을 잘 아는 자연 속 포식자들은 녀석을 거들떠보지도 않아요. 그래서 두꺼비는 여느 개구리처럼 빠르게 뛸 필요가 없답니다!

선생님 집에도 두꺼비가 살아요. 녀석은 좀처럼 모습을 드러내지 않아요. 비가 오는 날이나 밤이 되어야 가끔 보일 뿐이에요. 두꺼비가 모습을 드러내는 것은 먹이 활동을 하기 위해서예요. 녀석은 한여름 밤 불빛을 보고 날아온 곤충들을 잡아먹어요. 또 비 오는 날 마당으로 나와 느릿느릿 다니며 지렁이도 잡아먹어요. 눈에 보이지 않아도 녀석은 마당 어딘가에 있으면서 함께 지내 왔어요. 사방이 벽돌로 둘러싸여 있고, 출입구는 대문으로 가로막힌 이곳에서 녀석이 언제부터 살아왔는지는 알 수 없어요. 아마도 선생님이 이곳에 이사 오기 훨씬 전부터 살았을 거예요. 주인은 여러 번 바뀌었지만, 두꺼비는 여전히 이 집의 터줏대감으로 살고 있지요.

두꺼비 피부에는 끝이 검은 돌기가 많이 나 있어요.

두꺼비는 매우 둔한 동물처럼 보여요. 사람이나 고양이와 같은 천적을 만나도 섣불리 움직이지 않아요. 녀석이 이렇게 행동하는 까닭은 몸속에 부포톡신(bufotoxin)과 부포게닌(bufogenin)이라는 독이 있기 때문이에요. 앞서 이야기한 것처럼, 녀석의 독은 사람의 생명을 앗아갈 만큼 강력해요. 천적들은 언제든 행동이 굼뜬 이 녀석을 사냥할 수 있지만, 결코 잡아먹으려 하지 않아요. 목숨을 잃을 수도 있는 위험한 일이니까요.

두꺼비가 겨울을 보내는 방법은 겨울잠이에요. 녀석은 겨울이 오기 전, 숲속 나무 밑동이나 돌 밑에 들어가 몸을 숨기고 동면에 들어가요. 그리고 봄이 되면 긴 겨울잠에서 깨어나 물이 고인 웅덩이나 저수지로 이동해요. 알을 낳기 위해서예요. 수컷들은 서로 암컷을 차지하기 위해 경쟁해요. 녀석들이 떠난 웅덩이나 저수지 가장자리는 수천, 수만 개의 알 덩어리로 가득해요. 녀석들의 모정은 알을 낳는 것까지예요. 알을 낳고 나면 녀석들은 다시 숲으로 돌아가요. 알에서 깬 올챙이는 강한 녀석들만 살아남아 성체가 되어 숲으로 간답니다.

이번에는 도롱뇽을 찾기 위해 계곡 주변의 돌을 들추었어요. 도롱뇽 대신 도마뱀이 나왔어요. 아직 겨울잠에서 깨지 않았거나, 휴식을 취하고 있는 듯 보였어요. 도마뱀은 도롱뇽이나 장지뱀 무리와

도마뱀 머리는 세모꼴이에요.

돌 밑에서 **도마뱀**을 발견했어요.

도마뱀 피부는 뱀보다 매끈해요.

비슷하게 생겼어요. 하지만 도롱뇽은 머리 생김새가 둥근 데 비해 도마뱀은 세모형에 가까워요. 또 피부 표면이 까칠한 장지뱀과 달리 도마뱀은 피부 표면이 매끄러워 서로 차이가 있어요.

도마뱀은 위협을 느끼면 꼬리를 자르고 도망가는 것으로 널리 알려져 있어요. 이번에 만난 녀석도 위협을 느꼈는지 선생님을 보자마자 꼬리를 자르고 도망갔어요. 신체 일부를 포식자에게 내어주며 자신의 목숨을 지키는 행위예요. 잘린 꼬리는 다시 자라지만, 꼬리가 재생되려면 그만큼 먹이와 에너지를 많이 보충해야 해요. 다시 말해

도마뱀의 잘린 꼬리 부위에 붉은빛 핏방울이 고였어요.

녀석은 죽을 수도 있는 최후의 순간에 꼬리를 자르는 거예요. 쉬고 있는 녀석에게 괜한 봉변을 준 것 같아 미안한 마음이 들었어요.

우리나라에서 도마뱀이 살기 시작한 것은 1억 년도 훨씬 전의 일이에요. 실제로 경남 남해의 한 바닷가에서는 이 시기에 살던 도마뱀의 발자국 화석이 발견되기도 하였어요. 1억 년이라는 긴 시간 동안 어마어마한 환경의 변화 속에서도 살아남은 녀석들의 적응력이 놀라울 따름이에요.

멧토끼가 나타났다!

토끼는 우리나라 사람들과 친숙한 동물이에요. 동물원이나 체험학습장, 시장 등에 나가면 쉽게 토끼를 만날 수 있어요. 그래서인지 토끼는 멸종과는 거리가 먼 동물처럼 여겨져요. 하지만 녀석들은 우리나라 토종 토끼가 아니에요. 유럽에 서식하는 굴토끼를 가축화한 것들이 대부분이랍니다. 오래전부터 우리나라에서 살아온 토종 멧토끼를 만나기란 매우 어려운 일이에요. 그 수가 빠르게 감소하고 있기 때문이에요. 실제로도 녀석의 모습이나 흔적을 발견하는 횟수가 20~30년 전에 비하면 크게 줄었어요. 그런데도 녀석이 멸종 위기 종으로 지정되지 않은 것은 의아한 일이에요. 그만큼 녀석에 대한 생태 정보가 밝혀지지 않은 탓일 거예요.

집토끼는 굴토끼를 가축화한 토끼예요.

이른 봄, 해가 떠오르지도 않은 아침이었어요. 차를 타고 산길을 오르던 중 움직이는 회색빛 물체가 보였어요. 멧토끼였어요. 하지만 그때는 녀석이 멧토끼일 거라는 생각을 전혀 하지 못했어요. 근처의 토끼 사육 농가에서 탈출한 녀석쯤으로 생각했지요. 이런 편견 때문에 녀석을 관찰하는 데에도 소홀했어요. 일단 카메라로 녀석을 몇 장면 담은 뒤, 원래 만나려고 했던 다른 동물을 관찰하기 위해 그곳을 떠났어요. 녀석이 멧토끼라는 것을 안 것은 집에 와서 사진을 정리할 때였어요. 그 후 녀석을 만나기 위해 아침저녁으로 그곳에 가서 기다렸지만, 녀석은 모습을 드러내지 않았어요. 그것이 녀석과 처음이자 마지막 만남이었던 거예요. 다만 녀석의 것으로 추정되는 배설물이, 녀석이 살아 있다는 것만 확인해 줄 뿐이었어요. 그것마저 다행이란 생각이 들었어요.

멧토끼는 들 가까이의 나즈막한 산에서 살아요.

멧토끼는 경계심이 매우 강한 초식 동물이에요. 이렇게 연약한 초식 동물이 여우, 늑대, 담비, 참매 따위의 포식자 사이에서 살아남으려면 항상 주변의 상황에 집중해야 해요. 그렇게 하기 위해서는 먼저 소리의 변화를 재빨리 알아차려야 해요. 멧토끼는 바스락거리는 작은 소리에도 귀를 쫑긋 세우며 경계해요. 레이더망처럼 생긴 큰 귀로 사방에서 들려오는 소리를 포착하지요. 그다음으로는 민첩하게 몸을 움직여야 해요. 어디서 튀어나올지 모르는 천적의 공격에 대비해 멧토끼는 빠른 속도로 도망칠 수 있어요. 이때 체온이 급격하게 올라가는데, 커다란 귀는 몸속의 열을 더욱 쉽게 내보내고 몸의 온도를 유지하는 역할을 해요. 수백만 년의 긴 시간은 녀석에게 기형적으로 큰 귀를 진화의 산물로 남긴 셈이에요. 덕분에 녀석은 지금껏 멸종하지 않고 꿋꿋이 살아가고 있답니다.

호랑이, 늑대, 여우 따위의 포식자가 거의 사라진 오늘날, 녀석을 노리는 육식 동물은 많지 않아요. 생태계에서 상위 천적들의 수가 감소하면 당연히 그 아래에 있는 동물의 수가 증가해야 해요. 이는 미국 옐로스톤 공원의 회색늑대와 사슴의 사례에서도 쉽게 알 수 있어요. 옐로스톤 공원에서는 지난 1930년대에 늑대가 사라졌어요. 주변 농부들이 가축을 해친다는 이유로 19세기 말부터 계속 잡아들였기 때문이에요. 늑대가 사라지자, 늘어난 사슴이 풀과 어린 나무까지 먹어 치우면서 숲이 황폐해지고 말았어요.

멧토끼의 천적인 늑대(왼쪽)와 호랑이(오른쪽)예요.

결국 1995년, 미국 정부는 캐나다에서 회색늑대를 들여와 풀어 주기에 이르렀어요. 그러자 전혀 예상치 못한 일들이 일어났어요. 다시 늑대가 사슴을 잡아먹기 시작하면서 사슴 숫자는 급격히 줄었고, 나무들이 살아나기 시작했어요. 무엇보다 늑대가 사냥하고 남긴 사슴의 몸뚱이는 곰과 새의 먹이가 되었을뿐더러 숲 전체를 살찌우면서 생태계가 복원되는 결과를 가져왔어요. 그러니 상위 천적들의 수가 줄었음에도 멧토끼가 멸종 위기에 처하게 되었다는 사실은 모순된 점이 있어요. 예전에는 야산에만 올라도 쉽게 만났다고 하는데, 이젠 모두 옛말이 된 거예요.

멧토끼를 만나기 위해 산을 오르고 기다렸어요. 우리나라 숲에 사는 토종 멧토끼. 어려서 시골에서 줄곧 자랐어도, 야산은 물론 깊은 숲에서도 녀석을 만나지 못했어요. 종종 사람들과 멧토끼 사냥에 나서기도 하였으나, 녀석들은 쉽게 모습을 보이지 않았어요. 대신 언제나 똥으로 자신의 존재를 드러냈어요. 흙 위에 떨어진 작은 똥들은 녀석들이 건강하게 지내고 있음을 말해 주었어요. 토끼는 흔히 두 가지 형태의 똥을 싸요. 우리가 주로 보는 것은 구슬처럼 생긴 단단한 똥이에요. 가끔 소화가 덜 된 묽은 똥을 싸기도 하는데, 이때에는 자신이 싼 똥을 다시 먹기도 해요. 사람들에게 똥은 오물이지만, 토끼를 비롯한 여러 동물에게는 손쉽게 영양분을 섭취할 수 있는 소중한 식량이 되기 때문이에요.

우리나라와 달리 호주에서는 늘어나는 토끼 때문에 심각한 문제가 발생하기도 해요. 원래 호주에는 토끼가 살지 않았어요. 그러다

호주에서는 토끼(굴토끼)들이 생태계를 위협하는 존재가 되었어요.

가 19세기에 토머스 오스틴이라는 농부가 사냥을 위해 영국에서 12마리의 토끼를 들여오면서 비극이 시작되었다고 해요. 호주의 기후 환경에 완벽히 적응한 토끼들은 왕성한 번식력으로 개체 수를 늘려 갔어요. 기하급수적으로 늘어난 토끼의 수는 20세기에 이르러 수억 마리가 넘게 되었지요.

한 종의 급격한 증가는 생태계의 균형을 깨뜨리고, 자연환경을 황폐화하기 마련이에요. 호주의 경우도 마찬가지였어요. 호주의 생태계는 빠르게 파괴되었어요. 호주 정부는 늘어나는 토끼 수를 통제하고자 토끼 굴을 없애거나, 병균을 이용하는 등 다양한 방법을 시도하였어요. 그 뒤 일시적으로 토끼 수가 줄었지만, 결국에는 그 수가 다시 늘면서 개체 수 조절에 실패하고 말았어요. 한번 깨진 생태계의 균형을 원래대로 회복시키기란 매우 힘들고 어려운 일이에요. 물론 오랜 시간이 흐르고 나면 자연은 스스로의 힘으로 생태계의 균형을 이룰 것이라 생각해요. 예컨대 토끼 수의 급격한 증가는 먹이의 부족을 가져오고, 이는 곧 토끼 수를 감소시키는 요인으로 작용할 거예요. 한 종이 번성하려면 생태계 내의 다양한 종들과 조화를 이루어야 해요. 그렇지 않으면 그 종의 번성은 결코 오래갈 수 없답니다.

저어새를 부르는 계절

저어새는 좀처럼 만나기 힘든 귀한 새예요. 철새들이 많이 오가는 이곳 강진만에서도 녀석은 아주 진귀한 손님이지요. 이곳에서 녀석을 만난 것은 딱 한 해뿐이었어요. 늦은 봄, 녀석은 아직 떠나지 않은 노랑부리저어새 무리에 섞여 한가로이 쉬고 있었어요. 녀석과는 아주 멀리 떨어져 있었지만, 새까만 눈 주위를 보니 저어새라는 것을 한눈에 알아볼 수 있었어요. 그날은 겨울 철새인 노랑부리저어새와 여름 철새인 저어새를 동시에 본 의미 있는 날이었어요. 하지만 이후로는 녀석들을 만나지 못했어요. 이곳을 다시 찾지 않은 것인지, 아니면 선생님이 녀석들을 보지 못한 것인지 그것은 알 수 없어요.

우리나라에서 저어새를 관찰할 수 있는 곳은 경기도 시흥에 자리한 관곡지예요. 조선 전기에 만들었다는 이 연못에서는 매년 봄

저어새는 천연기념물(제205-1호)로 보호 받고 있어요.

이 되면 먹이 활동을 하는 녀석들을 쉽게 만날 수 있어요. 연못 주위를 산책하는 사람들을 크게 의식하지 않기 때문에 보다 가까운 거리에서 녀석들을 관찰할 수도 있어요. 사람들이 연못 안으로는 들어오지 않으며, 별다른 위협을 주지 않는다는 점을 오랜 경험을 통해 아는 것 같았어요.

선생님은 여름이 오기 전, 아직 연꽃이 자라지 않아 못이 텅 비어 있을 때 이곳을 찾았어요. 목적은 하나, 저어새를 만나기 위해서였어요. 강진만의 먼발치에서 저어새를 확인한 뒤로 이렇게 가까이에서 녀석들을 만나기는 처음이었어요. 녀석들은 너른 연못 속을 돌아다니며 미꾸라지를 잡아먹느라 정신이 없었어요. 근처에 있는 백로와 경쟁이라도 하듯 쉴새 없이 기다란 주둥이로 물속을 휘젓고 다녔지요. 그러다가 배가 부르면 논둑 위로 올라와 휴식을 취했어요. 목덜미에 기다랗게 달린 황금색 깃털이 봄바람에 하늘하늘 흩날렸어요.

저어새의 가장 큰 특징은 누가 뭐라 해도 역시 기다란 부리일 거예요. 주걱이나 숟가락처럼 생긴 부리는 멀리서도 확연히 보일 만큼 크고 기다랗거든요. 하지만 솜털이 뽀송뽀송한 새끼 때에는 그렇게 길지 않아요. 어른 새로 자라면서 부리가 점점 길어지는 거예요. 사람들에게 저어새의 부리는 개체마다 별다른 차이가 없어 보일지도

저어새 부리는 생김새가 독특해요.

몰라요. 모두 기다란 주걱이나 숟가락처럼 생겼으니 말이에요. 하지만 저어새의 부리는 사람의 지문이나 얼룩말의 줄무늬처럼 개체마다 생김새가 달라요. 사람들이 얼굴을 보고 서로 다르게 인식하듯 녀석들은 부리에 나 있는 주름을 보고 서로를 구분한답니다.

저어새과에 속한 새로 노랑부리저어새도 있어요. 저어새와 생김새가 매우 흡사해서, 부리 끝이 노랗고 눈 주변이 하얗다는 점을 제

노랑부리저어새는 저어새처럼 천연기념물(제205-2호)로 보호 받고 있어요.

외하면 저어새와는 다른 점을 찾기 어렵지요. 실제로 녀석들은 서로 짝짓기를 통해 2세를 낳기도 할 만큼 유전적으로 매우 가까워요. 그러나 겨울 철새인 노랑부리저어새와 여름 철새인 저어새가 한곳에서 만나기란 쉬운 일이 아니에요. 다만 기후 변화가 계속되어 녀석들이 먼 거리를 이동하지 않고 사계절 내내 우리나라에 머물게 된다면, 두 종 사이에 생겨난 2세가 많아질 수도 있겠다는 생각이 들어요.

저어새는 부리 생김새만큼이나 먹이 활동을 하는 모습도 독특해요. 녀석이 먹이 활동을 하는 모습을 보면 물속에 부리를 넣고 무작정 휘젓는 것처럼 보여요. 하지만 부리의 움직임을 자세히 관찰하면 그 안에 놀라우리만큼 정교한 과학적 원리가 숨어 있다는 사실을 알 수 있어요. 먼저 부리에는 신경세포가 연결되어 있어 물속 동물의 움직임을 느낄 수 있어요. 물속을 휘저으며 먹잇감의 움직임을 재빠르게 포착할 수 있는 것이지요. 게다가 부리 끝이 편평하지 않고 굽어 있어요. 이는 물고기가 걸리면 쉽게 빠져나갈 수 없는 구조랍니다. 덕분에 녀석은 몸이 미끄러운 미꾸라지도 잡아먹을 수 있어요.

저어새의 또 다른 특징은 발가락 사이에 달린 물갈퀴예요. 물갈퀴는 흔히 개구리나 오리 등의 동물에서 쉽게 볼 수 있는데, 이들은 물갈퀴를 이용하여 물 속을 자유롭게 헤엄쳐 다녀요. 하지만 저어새에게 물갈퀴란 헤엄을 치는 용도가 아니에요. 수십만 년 전, 녀석의 조상은 물속을 헤엄쳐 다녔을지도 몰라요. 하지만 지금은 물갈퀴를 연못이나 논바닥과 같은 진흙에 빠지지 않도록 하는 데 사용할 뿐이에요. 백로류의 새들이 물가에 가만히 있다가 먹잇감이 가까이 오

저어새 무리가 먹이 활동을 하고 있어요.

면 재빠르게 부리로 찔러서 사냥하는 것과는 달리, 녀석들은 물속을 돌아다니면서 먹이를 찾아요. 곧 재빠르게 연못이나 논바닥을 이동할 수 있어야 물고기를 넉넉히 잡을 수 있는 거예요.

그런데 녀석들은 왜 백로류의 새들과는 전혀 다른 사냥 방법을 갖게 된 것일까요? 그것은 먹이 사냥의 성공률과 밀접한 관련이 있어요. 먹이가 많았던 과거에는 물속을 휘휘 저으며 먹잇감을 찾는 것이 꽤 괜찮은 먹이 활동 방법이었어요. 부리로 물속을 휘젓다 보면 손쉽게 먹이를 잡을 수 있었으니까요. 이러한 먹이 활동 방법은 물이 탁한 곳에서도 매우 유용한 사냥 방법이었어요. 갯벌이나 논과 같이 물고기의 움직임이 잘 보이지 않는 물속에서는 부리로 휘저으며 물고기를 사냥하는 것이 훨씬 더 효율적이기 때문이지요. 맑은 물에서만 사냥할 수 있는 백로류의 새들에 비해 녀석들이 사냥할 수 있는 곳이 훨씬 많았고, 이는 높은 사냥 성공률로 이어졌어요. 하지만 지금은 과거보다 먹잇감이 확실히 줄어들고, 갯벌 같은 삶의 터전도 점차 사라지면서 녀석들은 빠르게 멸종의 길로 가고 있어요.

작은 미꾸라지,
좀수수치를 보다

    빙하기에 우리가 사는 한반도는 지금의 모습과는 많이 달랐어요. 해수면이 낮아 서해와 남해는 육지였고, 중국과 우리나라, 일본 역시 하나의 큰 대륙으로 서로 연결되어 있었어요. 아주 먼 옛날의 일 같지만 불과 2만 년도 채 되지 않았던 시기의 이야기랍니다. 빙하기 때의 한강과 낙동강, 섬진강, 영산강 등은 어떤 모습이었을까요?

    2만 년 전 한강과 낙동강, 섬진강, 영산강 등은 모두 하나의 강에서 뻗어 나온 하나의 물길이었어요. 중국 내륙에서 시작된 고황하강이 지금의 서해와 남해에서 한강과 낙동강, 섬진강, 영산강 등과 합쳐진 채 흘렀지요. 이때 물고기들은 물길을 타고 여러 강을 오갈 수 있었어요. 그런데 빙하기가 끝나고 해수면이 올라가면서 서해와 남해는 바다로 변했고, 고황하강 지류들은 물길이 끊어졌어요. 결국 그곳에서 살던 물고기들은 서로 다른 방향으로 진화하기 시작했어요.

2만 년이라는 시간은 45억 년이라는 지구의 나이에 견주어 볼 때 매우 짧은 시간이에요. 하지만 그 짧은 시간 동안에도 조금씩 다른 모습으로 진화해 온 물고기들이 있어요. 그중 대표적인 종이 바로 좀수수치예요. 좀수수치는 미꾸리과에 속한 물고기로, 생김새가 미꾸리나 미꾸라지와 비슷하게 생겼어요. 하지만 미꾸리과에 속한 여러 물고기 중에서 가장 몸집이 작아요. 그래서 별명도 '난쟁이 미꾸라지'예요.

우리나라 하천에서만 사는 **좀수수치**(왼쪽)는 생김새가 **미꾸리**(오른쪽)와 닮았어요.

좀수수치가 사는 곳이에요. 좀수수치는 하천의 깊이가 얕고 물의 흐름이 빠른 곳에서 살아요.

　　녀석이 사는 곳은 전남 고흥군과 여수시 일대의 하천이에요. 이곳은 2만 년 전, 고황하강의 한 지류였지만 지금은 바다로 곧장 흘러드는 아주 짧은 소규모 하천에 불과해요. 녀석들은 고흥과 여수라는 매우 좁은 지역에 갇혀 살면서 2만 년이라는 짧은 시간 동안 좀수수치라는 새로운 물고기로 진화했어요. 여기 말고는 전 세계 어디에서도 살지 않아요. 그마저도 대부분의 서식지가 훼손되거나 파괴되어, 이제 녀석들이 발견되는 곳은 얼마 남아 있지도 않아요.

뉴스에서 팔영산 인근의 작은 개울에서 새로운 서식지가 발견되었다는 소식을 들었어요. 그런데 몇 달 후 그곳을 찾았을 때는 한창 공사가 진행 중이었어요. 녀석들을 만나기는커녕 관찰할 엄두조차 내지 못했지요. 굴착기가 시커먼 먼지를 내뿜으며 개울 바닥을 긁어내고 있었던 거예요. 개울 바닥은 모래와 자갈 대신 편평한 돌들로 채워졌어요. 수풀이 우거진 곳은 말끔하게 정리되었지만, 그곳에서는 좀수수치가 아니라 어떤 물고기도 살기 어려워 보였어요. 좀수수치는 과거 고흥 일대의 하천 전역에서 살았을 테지만, 지금은 대부분의 하천에서 녀석들이 살지 않아요. 사람들이 하천을 손대면서부터 생긴 일이에요. 그렇게 좀수수치를 보기 위한 첫 일정은 철저히 실패하고 말았어요.

몇 주 뒤, 고흥 지역에 자리한 작은 개울을 다시 찾았어요. 차갑고 깨끗한 물이 쉴 새 없이 흐르는 곳이었어요. 개울가 바위 위에서 꿈틀거리는 연가시가 눈에 띄었어요. 연가시에도 여러 종류가 있는데, 정확한 종은 알 수 없었어요. 아직까지 연구가 미흡해 자료가 부족한 탓이었지요. 녀석들은 맑은 물이 흐르는 계곡은 물론, 비교적 물이 오염된 강 하류에서도 발견돼요. 손으로 만져 보면 마치 철사 같은 느낌이 들어요. 그래서 이 생물이 산 것인지 죽은 것인지 알기가 어려워요. 녀석들은 스스로 살아갈 수 없어요. 사마귀나 메뚜기 같은 곤충의 몸을 숙주로 삼아 몸속에 기생하며 살아가요. 번식기가 되면 녀석들은 신경 조절 물질을 분비하여 숙주를 물가로 유도해요. 그런 다음 숙주의 몸에서 나와 물속으로 들어가요. 자연 속 새로운 생명은 다른 생명이 살아가는 수단이 되는 거예요.

개울에는 금빛으로 물든 버들치들이 쉴 새 없이 헤엄쳐 다녔어요. 아주 작은 녀석부터 살이 통통하게 오른 녀석들까지 다양했어요. 개

개울에서 잡은 버들치예요. 버들치는 깨끗한 1급수에서만 살아요.

울에 자리 잡은 크고 작은 돌들을 뒤집어 보았어요. 돌 밑에 숨어 있던 버들치들이 재빨리 도망갔어요. 단연 이곳의 터줏대감이 버들치라고 해도 과언이 아니었어요. 흔히 물고기를 잡을 때는 족대를 이용하는 경우가 많아요. 그런데 이런 방법은 물고기 몸에 해를 끼치거나, 서식 환경 자체를 바꾸기 때문에 그다지 좋은 방법이라고 할 수 없어요. 그래서 효율성이 떨어지더라도 조심스럽게 하나씩 돌을 들춰 가며 물고기를 만나는 것이 좋아요. 들췄던 돌을 제자리에 다시 놓으면서 말이에요. 그러다 보면 헤엄치지 않고 가만히 있는 녀석들을 만날 때가 있어요. 이때 관찰을 하거나 촬영을 해요. 다른 사람들에게는 매우 비효율적인 일처럼 보일 수도 있어요. 생명체를 발견하는 일이, 성과를 내는 수단이거나 돈벌이 목적이 아니어서 가능한 거예요.

여기에는 섬진자가사리라 불리는 녀석들도 살고 있어요. 물론 섬진강 수계에 서식하는 섬진자가사리와 같은 종이에요. 섬진강과 같은 물길로 이어져 있지는 않지만, 빙하기 때 하나의 강으로 연결되어 있었기에 나타난 현상이에요. 녀석들은 오랜 시간에 걸쳐 따로 살아온 만큼 생김새가 다른 면도 있어요. 바로 꼬리지느러미 무늬예요. 섬진강 일대의 섬진자가사리는 꼬리지느러미에 초승달 모양의 검은 무늬가 나 있어요. 하지만 이곳에서 살아가는 섬진자가사리는 지느러미 색깔이 훨씬 옅은 편이에요. 상대적으로 몸집도 다소 작지요. 2만 년이라는 시간을 살아오면서 녀석들은 서로 다른 지느러미

섬진자가사리는 몸길이가 약 8~9센티미터인 작은 물고기예요.

와 몸집을 갖게 된 것이랍니다.

    좀수수치는 이곳의 주인공답게 가장 마지막에 모습을 드러냈어요. 아마도 다른 물고기들에 비해 개체 수가 몹시 적어 그런 것이리라 생각되었어요. 제법 큰 돌을 들추니 미꾸라지를 닮은 물고기가 보였어요. 단번에 좀수수치란 걸 알 수 있었어요. 녀석은 새끼손가락 길이에 불과할 정도로 몸집이 매우 작았어요. 실물을 보니 '난쟁이 미꾸라지'라는 이름으로 불리는 이유를 실감할 수 있었어요. 녀석은 여느

큰 돌 밑에서 발견한 좀수수치예요.

멸종 위기 동물처럼 움직임이 느리고 둔했어요. 도망을 치지 않고 한 곳에 머물면서 쉴 새 없이 아가미로 숨만 쉬었어요. 10여 분간의 짧은 만남 뒤, 녀석은 다시 물속을 헤엄쳐 갔어요.

멸종 위기 동물로 지정된 종들은 원칙적으로 포획이 금지되어 있어요. 다시 말하면 손으로 잡는 행위를 해서는 안 된다는 뜻이에요. 그것이 채집 목적이 아닌, 촬영이나 관찰 목적이라고 하더라도 말이에요. 녀석을 손으로 만지려면 환경부의 허가가 필요해요. 하지만 기관이나 연구소가 아닌 이상 허가는 나오지 않아요. 물고기는 물속이라는 특수한 환경에서 살아가는 데다, 헤엄쳐 도망가 버리면 다시 만나기가 어려워요. 그래서 녀석들을 손으로 잡거나, 수조 속에 넣지 않는 이상 관찰을 하기가 매우 힘들답니다. 좀수수치같이 멸종위기 동물로 지정된 물고기를 일반인이 관찰하기란 더욱 어려워지고 있는 거예요.

도롱뇽 알을 관찰하다

한때 양서류 다큐멘터리를 만들기 위해 열성을 다하던 적이 있었어요. 그 무렵 대부분의 관찰 대상은 개구리와 도롱뇽이었어요. 양서류에 관한 지식이 거의 없던 시절이라 녀석들을 촬영하려면 무작정

도롱뇽은 앞발가락이 4개, 뒷발가락이 5개 있어요.

산과 들, 계곡을 누비고 다녀야 했지요. 그러다가 운 좋게 도롱뇽이라도 만나면 그 기쁨은 말로 표현할 수 없을 만큼 컸어요. 그 뒤로 양서류와 관련한 지식을 쌓으면서 녀석들의 특성과 생태를 조금씩 알아 갔어요. 매일 일과를 마치면 녀석들이 주로 관찰되는 서식지를 찾아 변화하는 모습을 촬영하고 글로 적었지요. 그때의 기록과 정보를 바탕으로 도롱뇽에 관한 이야기를 써 볼까 해요.

　　도롱뇽은 평소 모습을 잘 드러내지 않아요. 캄캄한 밤이 되어야 활동하기 때문이에요. 하지만 계곡 주변의 돌이나 흙, 낙엽 따위를 들춰 보면 잠자고 있는 도롱뇽을 만날 수 있어요. 녀석들은 잠을 잘 때 거의 움직임이 없어요. 빠르게 관찰을 끝낸 뒤 원래대로 돌을 덮거나, 흙을 덮어 주어요. 시간을 내어 준 녀석에게 고마운 마음을 전하면서 말이에요.

　　도롱뇽은 매우 온순한 동물이에요. 독을 가지고 있지도 않고, 성격이 난폭하지도 않아요. 생김새 또한 그 성격을 그대로 드러내요. 둥근 머리와 커다란 눈, 한눈에 봐도 순한 느낌을 주지요. 어떤 비열함이나 악의적인 모습은 찾아볼 수가 없어요. 하지만 그것은 도롱뇽의 세계를 겉만 보고 있기 때문이에요. 유생 시기의 녀석들을 관찰하면, 생존을 위한 뜻밖의 경쟁에 놀라게 된답니다.

도롱뇽 유생(왼쪽)은 동족을 잡아먹는 습성(오른쪽)이 있어요.

    도롱뇽을 관찰하면서 알게 된 사실은 유생 시기의 녀석들이 동족을 잡아먹는다는 것이었어요. 그것은 생각보다 자주 관찰되었어요. 유독 녀석들이 동족을 포식하는 데 집중하는 이유는 무엇일까요? 단순히 먹이가 부족해서일까요, 훌륭한 에너지 공급원이 되기 때문일까요? 아니면 적정한 개체 수 조절을 위한 스스로의 노력일까요? 딱 한 가지를 꼬집어서 말하기는 어렵지만 먹이가 부족한 상황에서 종을 유지하기 위한 나름의 방법일 것으로 생각되었어요. 어

도롱뇽의 알 덩어리는 순대나 도넛처럼 생겼어요.

떠한 경우든 알에서 부화한 녀석들이 성체로 성장해야 하니까요. 녀석들은 아주 오래전부터 동족 포식을 하면서도 멸종하지 않고 존속해 왔어요. 어린 시기부터 강한 자만이 살아남는 생존 경쟁의 원리, 그것이 나와 핏줄이 같은 형제자매 사이에서도 통하는 것이 바로 도롱뇽의 세계예요.

도롱뇽이 낳은 알은 투명한 한천질(젤리 상태로 굳어지는 성질을 지닌 물질)로 싸여 있어요. 기다란 알 덩어리 속에는 작은 알들이 들었는데, 가만히 있지 않고 조금씩 움직이면서 살아 있음을 보여 주지요. 알에서 일찍 깬 녀석들은 물속을 헤엄쳐 다녀요. 워낙 깨끗해서 그냥 마셔도 아무런 문제가 없는 물속에서 녀석들은 성장해요. 둥근 모양에서 점점 기다랗게 변하며, 눈도 생기고 꼬리도 생기고 다리도 생겨요. 그러다가 때가 되면 알을 뚫고 밖으로 나와요. 하지만 도롱뇽 알이 모두 부화하는 것은 아니에요. 어미가 어떤 장소에 알을 낳았는가에 따라 새끼들의 운명이 달라져요. 계곡은 환경의 변화가 심한 곳이에요. 물이 흘렀던 곳이 바짝 메말라 바닥을 드러내는가 하면, 꽃샘추위로 얼음이 얼기도 해요. 그러한 상황이 되면 그곳에 있는 알들은 모두 죽음을 맞고 말아요. 아무리 알을 많이 낳더라도, 알에서 부화하고 다시 유생이 되고 성체가 되기까지는 넘어야 할 산이 한둘이 아니랍니다.

도롱뇽 중에 한국꼬리치레도롱뇽이라는 녀석이 있어요. 꼬리가 몸통 길이의 1.2배가 넘을 만큼 유난히 길어 꼬리치레도롱뇽이라는 이름이 붙었어요. 녀석의 몸에는 호랑이나 표범의 무늬처럼 생긴 점들이 도드라지게 나 있어요. 그래서 다른 도롱뇽들과는 쉽게 구별할 수 있어요. 독특한 점은 녀석이 유생 시기와 번식기 무렵에 검은색 발톱이 난다는 사실이에요. 그 모습이 검은색 매니큐어를 발라 놓은 듯하지요. 이러한 독특한 생김새 때문인지 북한에서는 녀석들

한국꼬리치레도롱뇽은 두 눈이 도드라지게 튀어나왔어요.

을 '발톱도롱뇽'이라 부르기도 해요. 다른 도롱뇽들과 달리 녀석들에게 발톱이 생기는 이유는 정확히 밝혀져 있지 않아요. 다만 물 흐름이 빠른 계곡물에 주로 살기에 물속에서 떠내려가지 않기 위한 생존 전략의 하나일 것으로 추측되고 있어요.

　도롱뇽을 이야기할 때 빠지지 않는 것이 있어요. 바로 녀석의 뛰어난 세포 재생 능력이에요. 사람은 칼에 베이거나 살갗이 벗겨지면 원래의 모습으로 재생되어도, 팔이나 다리가 잘리면 그것이 불가능해요. 그런데 도롱뇽은 다리나 꼬리 같은 몸의 일부는 물론이고, 몸속 장기까지도 재생이 가능하다고 해요. 영원한 삶을 꿈꾸는 사람들에게 도롱뇽이 가진 뛰어난 재생 능력의 비밀은 시급히 풀어야

도롱뇽의 잘린 꼬리가 재생되고 있어요.

할 과제 중 하나일 거예요.

    선생님이 도롱뇽을 관찰하기 위해 자주 찾았던 곳은 전남 화순을 흐르는 지석천 상류 지역의 계곡이었어요. 반 아이들과도 수서 곤충을 관찰하기 위해 자주 방문하던 곳이었지요. 그런데 지금은 예전의 모습을 잃어버렸어요. 주변에 농장이 들어서면서 계곡이 한꺼번에 사라진 거예요. 비단 이곳뿐만 아니라 그런 예들은 아주 많아요. 해가 다르게 서식지가 통째로 없어지는 일이 자주 일어나고 있어요. 힘들게 자연환경이 잘 갖춰진 곳을 발견해도, 그런 곳은 일 년을 채 버티지 못하고 사라지곤 했어요. 사람들의 욕심이 계속되는 한, 그러한 일들은 앞으로도 죽 이어질 거예요.

정비 공사로 도롱뇽 서식지가 파괴되고 말았어요.

흰물떼새야,
넌 왜 다친 척하니?

매년 봄이 되면 어김없이 강진만을 찾아오는 작은 새가 있어요. 바로 흰물떼새라는 녀석이에요. 녀석은 몸길이가 20센티미터가 되지 않을 만큼 작고 귀여운 새예요. 주로 사람들의 손길이 닿지 않는 둑길 주변과 나대지 같은 곳에서 여름을 보낸 뒤, 가을이 되면 떠나

강진만에서 만난 **흰물떼새**예요.

요. 여기서 녀석들이 해야 할 가장 중요한 일은 알을 낳고 새끼를 길러 내는 것이지요. 이제 십여 년 가까이 강진만에서 흰물떼새를 관찰해 온 이야기를 해 볼까 해요.

흰물떼새는 자갈이나 모래밭에 알을 낳아요. 알 개수는 3~4개가량 되지요. 녀석들은 나무 위에 둥지를 트는 여느 새들과는 달리 땅바닥에 자갈과 모래 그리고 잡초 몇 가닥을 이용해서 둥지를 만들어요. 엄밀히 따져, 그것을 둥지로 봐야 하는지도 의문이에요. 매우 성의 없게 땅바닥에 알을 내팽개쳐 놓은 것처럼 보이거든요. 녀석들이 땅바닥에 알을 낳는 이유는 무엇일까요? 그것은 나무 위 둥지에서 새끼를 기르는 것보다 땅바닥에 알을 낳아 새끼를 기르는 것이 훨씬 더 성공률이 높기 때문일 거예요. 그도 그럴 것이 녀석이 낳

흰물떼새 알에는 작은 얼룩점들이 흩어져 나 있어요.

은 알은 자갈이나 모래가 많은 주변 환경과 매우 닮았어요. 그래서 웬만해서는 포식자들의 눈에 잘 띄지 않지요. 녀석이 알을 품고 있는 것을 본 뒤에야 알이 있었음을 확인할 수 있을 뿐이랍니다. 흰물떼새 중에는 자갈밭도, 모래밭도 아닌 시멘트 주차장 길바닥에 알을 낳는 녀석도 있어요. 주차장이라고는 하지만 사람들만 찾지 않는다면 알을 품는 데에는 아무런 문제가 되지 않아요.

어미가 이곳에 낳은 알은 모두 3개. 그런데 알을 품고 있던 어미가 멀리서 선생님의 모습을 보고 바짝 긴장하기 시작했어요. 걸음을 옮겨 조금 더 가까이 가 보았어요. 위협을 느꼈는지 녀석이 자리

흰물떼새 어미가 날개를 다친 척 의상 행동을 보여요.

에서 재빠르게 일어나더니 둥지 먼 곳으로 가서 날개를 다친 척 연기를 해요. 알에 대한 관심을 자신에게 돌리면서 알을 보호하려는 것이지요. 이런 행동을 '의상 행동'이라고 하는데, 꼬마물떼새, 왕눈물떼새 등의 도요새 무리에서 보이는 공통적인 특징이에요. 높은 나무가 아닌 땅바닥에 알을 낳으면 천적들이 쉽게 접근할 확률이 높아져요. 녀석들도 이 점을 잘 알고 있기 때문에 천적의 관심을 자신에게 유도하는 거예요. 특히 날개를 다친 척하는 행동은, 쉬운 먹잇감이 여기 있으니 어서 나를 잡아먹으라고 알리는 셈이에요. 하지만 천적이 가까이 가면 녀석은 재빨리 도망치다 멀리 날아가 버려요.

꼬마물떼새도 의상 행동을 보이는 새예요.

며칠 뒤, 다시 녀석을 찾았어요. 그런데 알을 품고 있어야 할 어미가 보이지 않았어요. 어미가 알을 품지 않는다는 것은 알이 무사하지 않다는 것을 뜻해요. 아니나 다를까, 녀석의 알이 사라지고 없었어요. 분명 까치나 길고양이 같은 천적의 소행이 분명했어요. 흰물떼새의 번식률은 생각보다 높지 않은 듯 보여요. 알을 낳은 둥지를 직접 관찰한 바에 따르면, 10곳 중 6곳 이상은 알이 부화하지 못하고 천적들에게 잡아먹혔어요. 번식에 성공한 어미의 경우에도 대체로 한 마리의 새끼를 데리고 다녔어요. 이는 3~4개의 알 중 대부분은 살아남지 못함을 의미하는 거예요. 녀석은 이번 실패를 경험 삼아 더 안전한 환경을 찾아 알을 낳을 거예요. 그리고 그곳에서 무사히 새끼를 길러 낼 거예요.

그로부터 다시 며칠이 지난 후에 다른 흰물떼새를 만났어요. 이번에 만난 녀석은 알을 제방 가파른 곳에 낳았어요. 전에 알을 낳았던 주차장보다는 훨씬 안전한 곳이었어요. 발을 붙이기도 힘든 비탈진 곳에서 녀석이 알을 품고 있었어요. 녀석은 몸을 움직여 가며 알이 골고루 체온을 받도록 했어요. 알을 품는 동안 어미는 주변을 두리번거리며 쉴 새 없이 경계했어요. 혹시라도 천적이 나타나면 재빨리 알에서 멀어져서 다친 척 연기를 해야 하기 때문이에요.

며칠 후 다시 그곳을 찾았을 때는 어미도 알도 모두 사라진 뒤였

흰물떼새 새끼(왼쪽)가 풀 사이에 숨어 있어요(오른쪽).

어요. 때마침 날개를 다친 척 선생님의 관심을 끄는 어미가 보였어요. 바로 비탈진 벼랑에 알을 낳았던 어미예요. 주변에 새끼가 있을 것으로 확신하며 주변을 둘러보았어요. 아니나 다를까, 새끼가 잡초 사이에 숨어 꼼짝도 하지 않고 있었어요. 온갖 위기를 이겨 내고 마침내 어린 새가 세상 밖으로 나온 것이었어요. 어미는 얼른 자신을 보라며 더욱 과장된 몸짓으로 연기를 했어요. 새끼를 지키려는 어미의 필사적인 노력, 그것은 녀석이 보여 줄 수 있는 눈물겨운 모성이었어요. 잠시 후, 선생님이 자리를 피하자 어미와 새끼가 다시 만났어요. 멀리서 녀석들이 사라지는 모습을 지켜보았어요. 흰물떼새 새끼가 건강한 어미가 되어 내년 봄, 다시 이곳을 찾아오기를 바라면서……

여름

뻐꾸기는 정말 나쁜 엄마일까?
똥을 들고 다니는 잎벌레
구례 양비둘기를 만나러 가다
기수갈고둥과 대추귀고둥
금개구리를 만나러 가다
해수욕장에 사는 표범장지뱀

뻐꾸기는 정말 나쁜 엄마일까?

며칠 전부터 숲에서 소쩍새 울음소리가 들려와요. 물이 찬 논에서는 먹이 활동을 하는 황로들도 보여요. 녀석들이 자주 관찰되는 것은 봄이 끝나고 이제 곧 여름이 시작되었음을 의미해요. 여름철 우리나라를 찾아온 새들에게 무엇보다 중요한 일은 무엇일까요? 그것은 아마도 알을 낳고 새끼를 기르는 일일 거예요. 자신의 생명을 희생하고서라도 새끼를 지키는 것, 그것이 바로 새끼를 키우는 부모

뻐꾸기가 나뭇가지와 전선에 각각 앉아 쉬고 있어요.

뻐꾸기의 탁란. 개개비 둥지에서 부화한 뻐꾸기 새끼가 개개비 알을 둥지 바깥으로 떨어뜨리려고 해요(왼쪽). 개개비 어미는 자신보다 몸집이 큰 뻐꾸기 새끼를 돌보아 주어요(오른쪽).

의 마음이겠지요. 하지만 새 중에는 일생의 가장 중요한 일을 다른 새에게 맡기는 녀석도 있어요. 바로 뻐꾸기예요. 녀석들은 알만 낳을 뿐, 알을 품지도 않고 돌보지도 않아요. 다른 어미 새에게 새끼의 운명을 맡긴 채 떠나 버리지요. 이렇게 어미 자신이 새끼를 기르지 않고 다른 새의 둥지에 알을 맡겨 대신 품어 기르게 하는 것을 '탁란'이라고 해요.

뻐꾸기는 왜 탁란을 하는 것일까요? 새끼를 사랑하는 마음이 없어서일까요? 아니면 알을 품어 새끼를 길러 내는 것이 귀찮아서일까요? 새들의 육아 세계를 인간의 관점으로 판단하는 것은 적절하지 않아요. 사람들은 어미와 자식의 관계를 떠올리면 헌신적인 모정이나 사랑을 생각할 테지만, 새들에게 인간 세상의 감정을 기대할 수는 없어요. 녀석들은 그저 수십, 수백만 년에 걸쳐 형성된 본능에 따라 움직일 뿐이에요. 그들의 세계에는 2세를 남기려는 종족 본능만이 남아 있어요. 알을 낳기만 하고 떠난다고 해서 결코 매정한 어미나, 못된 아비로 여길 수는 없다는 말이에요.

뻐꾸기는 어디까지나 자신의 유전자를 어떻게 하면 가장 효과적으로 남길 수 있느냐에 맞춰 진화해 온 거예요. 이는 뻐꾸기뿐만 아니라 모든 동물에게 적용되는 사항이기도 해요. 맨 처음의 뻐꾸기 무리는 자신의 힘으로 새끼를 길러 내는 녀석들이 대부분이었을 거예요. 하지만 의도치 않게 다른 새의 둥지에 알을 떨어뜨린 녀석들이 나왔을 테고, 다른 어미 새가 자신보다 훨씬 더 새끼를 잘 키운다는 사실을 알아냈을 거예요. 더불어 자신은 다른 새에게 알을 맡김으로써 육아에 드는 에너지 소모를 최소화하면서 가을철 긴 이동에 대비할 수도 있었을 거예요. 시작이 언제인지는 모르지만, 오랜 시간이 흐른 지금 뻐꾸기의 번식 전략은 탁란이 된 것이지요.

뻐꾸기가 탁란의 대상으로 선택하는 새는 뱁새라는 이름으로 널리 알려진 붉은머리오목눈이예요. 뻐꾸기가 붉은머리오목눈이 둥지에 몰래 알을 낳고 떠나면, 붉은머리오목눈이는 알을 정성스럽게 품

붉은머리오목눈이는 뻐꾸기가 주로 탁란하는 새예요.

어요. 남의 알인 줄은 꿈에도 모르고 말이에요. 알에서 깬 뻐꾸기 새끼는 붉은머리오목눈이가 낳은 알들을 둥지 밖으로 밀쳐 내 버려요. 혼자 둥지에 남게 된 뻐꾸기 새끼는 붉은머리오목눈이 어미의 보살핌을 받으며 자라요. 붉은머리오목눈이 새끼들과 함께 자라면 좋을 텐데, 녀석이 그렇게 하지 않는 이유는 덩치가 붉은머리오목눈이 새끼보다 훨씬 크기 때문이에요. 다른 새끼들과 먹이 경쟁을 하면 결국 정상적으로 자라지 못할 것을 본능적으로 아는 것이지요.

붉은머리오목눈이는 뻐꾸기 새끼가 자신이 낳은 새끼인 줄 알고 정성을 다해 키워요. 생김새도 다르고 덩치도 자신보다 훨씬 큰

데도, 붉은머리오목눈이는 뻐꾸기 새끼가 자신의 새끼인 줄 알지요. 자신이 낳은 알과 다른 새가 낳은 알을 구분하지 못할 수는 있어요. 하지만 알에서 깬 새끼마저도 구분하지 못하는 것은 쉽게 이해하기가 힘들어요. 종을 남기는 가장 중요한 일에 자신의 새끼를 구분하지 못하다니, 생물의 진화란 정말 알 수 없는 일 같아요. 제비가 인가에 둥지를 틀고 새끼를 기르는 이유 중 하나도 뻐꾸기 같은 새의 탁란을 피하기 위해서라고 해요. 결국 사람보다도 더 무서운 것이 뻐꾸기의 탁란인 셈인데, 붉은머리오목눈이는 어째서 자신의 새끼를 구분하지 못하는 것일까요?

탁란은 찌르레기에서도 나타나요. 그런데 뻐꾸기의 탁란과는 방

찌르레기는 같은 동료에게 탁란하는 새예요.

법이 조금 달라요. 찌르레기는 붉은머리오목눈이같이 종이 다른 새에게 알을 맡기지 않고, 찌르레기 동료에게 몰래 알을 맡겨요. 이는 모든 찌르레기에게서 나타나는 현상은 아니에요. 미국 플로리다 자연사 박물관의 연구 자료에 따르면, 녀석들 중에는 자신이 낳은 알이 잘 있는지 점검을 하는 집요한 녀석들도 있다고 해요. 심지어 자신이 낳은 알이 없을 때는 다른 알들마저도 없애 버린다고 해요. 같은 종의 세계에서도 2세를 남기기 위한 경쟁은 치열하기만 하답니다.

뻐꾸기의 번식 전략이 영원히 지속되리란 법은 없어요. 예컨대 다른 어미 새의 지능이 높아져서 자신이 낳은 알과 구분할 수 있게 되면, 이러한 번식 방법은 아무런 쓸모가 없어질 거예요. 탁란의 대상이 되는 새의 개체 수가 줄어 멸종 위기에 처하게 되는 경우도 마찬가지예요. 자신의 2세를 다른 어미 새에게 맡길 수 없는 상황이 온다면, 녀석들은 탁란 대신 새로운 번식 전략을 찾아야 할 거예요. 하지만 그 방법은 녀석들 스스로 찾는다고 해서 되는 것이 아니에요. 기후, 생태, 환경 등의 다양한 요인 속에서 오랜 시간에 걸쳐 서서히 결정될 뿐이지요.

똥을 들고 다니는 잎벌레

초등학교 시절, 학교를 마치고 집에 올 때면 들녘의 풀을 뜯는 소 주변에서 쉽게 볼 수 있는 곤충이 있었어요. 바로 소똥구리예요. 그런데 그 많던 소똥구리가 다 어디로 갔는지 지금은 찾아볼 수가 없어요. 모두 소를 사육하는 방식이 변하면서 나타난 현상이에요. 그때는 마을 어느 곳에서든지 풀을 뜯는 소를 흔하게 볼 수 있었어요. 트랙터가 귀하던 시절에 밭이나 논을 가는 것은 소가 해야 할 중요한 일이었고, 주변에는 녀석들이 싸 놓은 똥이 있었지요. 요즘은 들녘을 돌아다니며 풀을 뜯는 소를 보기 어려워요. 대부분의 소가 사육장에 갇혀 사료를 먹으면서 자라기 때문이에요.

몸 색깔이 검은 소똥구리 표본이에요.

이제 녀석들은 농사를 돕는 일꾼의 역할을 하지 않으며, 오로지 사람들의 먹거리로 사육되고 있어요.

소똥구리가 거의 사라진 근본적인 이유가 여기에 있어요. 사람들은 더욱더 많은 고기를 생산하기 위해 축사를 만들고 그곳에서 소를 길러요. 경제 논리에 따라 소를 사육하느라 신선한 풀을 뜯게 할 시간이나 여유가 없지요. 좁은 곳에 갇혀 자란 소들은 면역력이 떨어지고 질병에 매우 취약해요. 그래서 녀석들은 필수적으로 항생제 주사를 맞거나, 항생제가 든 사료를 먹어요. 당연히 녀석들이 싼 똥에는 항생제 성분이 남아 있어요. 덩치가 큰 소들에게 항생제는 큰 문제가 되지 않지만, 몸집이 작은 소똥구리에게는 아주 적은 양의 항생제도 생존에 치명적인 영향을 끼쳐요. 하찮은 똥 때문에 소똥구리가 멸종 위기에 처하게 된 거예요.

사람들에게 똥이란 고약한 냄새가 나는 더러운 대상일 뿐이에요. 자신의 몸속에 들어 있을 때는 괜찮다가, 몸 밖으로 나오는 순간 혐오의 대상이 되어 버리지요. 하지만 똥에 대한 사람들의 생각과 달리, 똥은 많은 동물에게 살아가는 데 꽤 요긴하게 쓰여요. 가장 많게는 소똥구리처럼 먹이로 이용되는 경우예요. 이외에도 집을 짓거나 다른 동물로부터 몸을 보호하는 데 사용되기도 해요. 녀석들의 활동 덕분에 똥은 분해되고 다시 흙으로 돌아가요. 녀석들이

건강한 숲은 생태계의 먹이 사슬이 잘 이어져야 해요.

없다면 우리 주변은 온통 똥으로 가득 채워질지도 모를 일이에요. 그 흙 속에서 식물들이 건강하게 자라고, 식물은 다시 초식 동물의 먹이가 되며 육식 동물의 살을 찌워요. 숲은 그렇게 건강함을 유지한답니다.

이번에는 똥과 관련된 여러 가지 동물을 소개해 볼까 해요. 맨 처음 소개할 동물은 남생이잎벌레예요. 이름으로도 알 수 있듯이 생김새가 남생이와 매우 비슷해요. 게다가 위협을 느끼면 몸을 뒤집는 습성까지 꼭 닮았어요. 하지만 어린 유충 시기에는 성충과 생김새가 전혀 달라요. 더욱 충격적인 것은 녀석이 몸에 똥을 이고 살아간다는 점이에요. 동물 중에는 똥과 비슷한 생김새로 진화한 녀석들이 있어요. 예컨대 새똥거미나 배자바구미, 호랑나비 애벌레, 새똥하늘소 등이 그 주인공들이에요. 녀석들과 달리 남생이잎벌레 애벌레는 똥의 생김새를 흉내 내는 것이 아니라 진짜 똥을 짊어지고 다녀요.

남생이잎벌레 애벌레가 똥을 짊어졌어요.

똥은 녀석의 몸에 단단히 고정되어 있지 않아요. 녀석은 수시로 똥을 옮기고 변화를 준답니다.

　녀석이 똥을 지고 다니는 까닭은 무엇일까요? 그 이유는 단순해요. 다른 포식자의 위협에서 벗어나기 위함이에요. 몸에서 냄새가 나는 똥을 이고 다니면 포식자가 멀리 피할 거라고 여기는 거예요. 똥을 방패 삼아 성충이 될 수 있는 확률을 높이는 것, 그것이 바로 남생이잎벌레의 생존 전략이에요. 다 자란 성충은 남생이 등껍데기처럼 딱딱한 딱지날개를 몸에 이고 다녀요. 아기 때는 똥을 이고 다니고, 어른이 되었을 때는 등껍데기를 이고 다니는 남생이잎벌레는 이래저래 매우 독특한 습성을 가진 곤충임이 분명해요.

　똥 하면 빠지지 않는 동물이 바로 파리일 거예요. 녀석들은 똥이 있는 곳이면 어김없이 찾아와요. 쉬파리, 금파리, 똥파리 등 그 종류도 매우 다양해요. 파리는 생김새가 고만고만할 것 같지만, 파리치고는 제법 멋지게 생긴 녀석도 있어요. 바로 날개알락파리예요. 날개알락파리는 늦은 봄 무렵, 똥이 있는 곳에 자주 모습을 드러내요. 방독면을 닮은 기다란 주둥이로 똥을 먹기 위해서예요. 하지만 다른 이유가 하나 더 있어요. 바로 똥 속에 알을 낳는 것이지요. 똥은 다른 동물들이 잘 건드리지 않으니 새끼들의 안전한 보금자리 역할도 해 주어요. 더러운 똥 덕분에 유충은 건강하게 자라 성충이 될 수 있어요.

날개알락파리는 크게 튀어나온 주둥이로 똥을 먹어요.

다 자란 날개알락파리는 똥 말고도 각종 쓰레기나 동물의 사체 등에서 쉽게 볼 수 있어요. 사람들이 더럽다고 여기는 여러 가지 대상들을 깨끗하게 분해해 주는 거예요. 그렇다고 녀석들이 항상 똥이나 사체에 머물러 있는 것은 아니에요. 식사를 마친 뒤에는 땅바닥이나 식물의 잎, 줄기에 앉아 쉬면서 시간을 보낸답니다.

세 번째 동물은 모가슴소똥풍뎅이예요. 녀석은 소똥구리과에 속한 곤충답게 똥을 좋아해요. 주로 소나 말과 같은 초식 동물의 똥을 먹이로 삼지요. 몸길이가 1센티미터도 채 되지 않아 똥 속에

모가슴소똥풍뎅이는 다른 동물보다 똥을 분해하는 능력이 뛰어나요.

파묻혀 있으면 전혀 눈에 띄지 않아요. 냄새를 참고 자세히 들여다 봐야만 열심히 먹이 활동을 하는 녀석을 만날 수 있어요. 녀석의 똥 분해 능력은 매우 탁월한 편이에요. 그래서 농장의 오물을 제거하는 용도로 쓰일 가능성이 매우 큰 곤충 가운데 하나로 보여요.

똥을 좋아하는 의외의 동물도 있어요. 바로 나비예요. 똥하고는 전혀 친하지 않을 것 같은 녀석들도 제법 똥에 모여요. 선생님이 본 녀석은 흑백알락나비예요. 생김새만 보면 호랑나비를 닮은 녀석답게 향기가 나는 꽃을 좋아할 것만 같아요. 하지만 녀석은 고약한 냄

흑백알락나비는 짐승의 배설물에 주로 모여요.

새를 풍기는 먹이를 좋아해요. 예컨대 똥이나 썩은 열매 같은 것이지요. 녀석은 거기서 나오는 수액을 빨아 먹어요. 버려지고 썩은 물질에서 영양분을 취하고도 전혀 탈이 나지 않는다니, 녀석들의 소화 능력이 신기할 따름이에요.

구례 양비둘기를
만나러 가다

　우리 주변에서 흔히 볼 수 있는 새에는 어떤 것들이 있을까요? 까치나 참새, 직박구리, 뱁새, 비둘기 등을 꼽을 수 있겠지요? 하지만 그중에서도 가장 많이 만나게 되는 새는 아마도 비둘기가 아닐까 싶어요. 녀석들은 왕성한 번식력은 물론 뛰어난 생존력으로 공원과 도로 주변, 아파트 단지, 다리 밑 등 도시의 곳곳에서 살아가요. 한때 비둘기는 평화의 상징이라는 말이 있었지만, 지금은 사람들에게 천덕꾸러기로 여겨질 뿐이에요. 특히 더러운 병균을 옮긴다고 해서 녀석들을 유난히 싫어하는 사람도 많아요.

　하지만 비둘기 중에는 전혀 다른 습성을 가진 종도 있어요. 바로 양비둘기라는 녀석이에요. 이름은 생소하지만 아주 오래전부터 한반도에서 살아온 토종 비둘기랍니다. 도시에서 쉽게 볼 수 있는 집비둘기와 달리 양비둘기는 도시에서 살지 않아요. 주로 깊은 숲속이나 절벽 등에서 살아가며, 그 모습을 잘 드러내지 않아요. 우리나라에 서식하는 양비둘기는 개체 수가 백여 마리밖에 되지 않을 만큼 희귀한 종이기도 하지요.

양비둘기가 사찰 지붕 위에 앉아 있어요.

지리산 깊은 곳에 자리 잡은 화엄사. 선생님이 관찰한 양비둘기는 이곳의 사찰 지붕이나 그 틈 사이에서 살아가요. 주로 처마 위에서 쉬는 모습을 관찰할 수 있는데, 선생님이 찾아간 그날도 여러 마리의 양비둘기가 처마 위에 앉아 쉬고 있었어요. 한 폭의 동양화를 보는 듯 매우 운치 있는 모습이었어요. 하지만 조금 더 가까이 가자 금세 다른 곳으로 날아가고 말았어요. 사람이 지붕에 오르지 못한다는 사실을 알면서도 녀석들이 자리를 피하는 것은 그만큼 사람을 경계하기 때문일 거예요. 사람을 무서워하지 않는 집비둘기와는 습성 면에서 큰 차이가 있어요.

양비둘기는 언뜻 보면 집비둘기와 별다른 차이가 없어요. 그래서 '뭐야, 비둘기랑 똑같이 생겼네' 하고 대수롭지 않게 생각할 수도 있어요. 녀석들의 습성을 잘 모르기 때문에 다 똑같이 보이는 것일 뿐이에요. 마찬가지로 녀석들이 사람을 볼 때 백인종이나 흑인종, 황인종도 다 비슷비슷해 보이지 않을까 싶어요. 양비둘기와 집비둘기, 두 종은 엄연히 서로 다른 종이에요. 자세히 관찰하면 깃털의 모양이 조금 다르다는 것을 알 수 있어요. 양비둘기는 꽁지깃에 흰색 무늬가 있으며, 날개에는 두 개의 검은색 줄무늬가 있어요. 집비둘기는 몸 빛깔의 변이가 워낙 심한 편이어서 양비둘기와 매우 흡사한 깃 색을 가진 녀석들도 많아요. 그래서 생김새보다는 서식지로 구분하는 것이 더 정확해요. 양비둘기가 사는 곳으로 알려진 데가 아니

양비둘기(왼쪽)와 집비둘기(오른쪽)는 서로 종이 달라요.

라면 주변에서 만나는 대부분의 비둘기는 집비둘기라고 여겨도 별 무리가 없을 거예요.

비둘기는 흔히 귀소 본능이 강한 새로 알려져 있어요. 수천 킬로미터 떨어진 곳에서도 원래 장소로 되돌아올 수 있을 정도예요. 녀석들이 가진 능력은 대체 무엇일까요? 어떤 과학자는 몸속에 들어 있는 자기장 센서를 이용하여 먼 거리를 찾아올 수 있다고 주장해요. 또 어떤 과학자는 뛰어난 후각 능력을 이용하여 원래의 장소로 되돌아온다고 주장하기도 해요. 두 설명 모두 실험을 통해 검증되었으니 녀석들이 가진 능력을 이해하는 데 어느 정도는 도움이 될 거예요. 하지만 그러한 주장만으로는 녀석들의 능력을 다 설명하기에 부족해요. 복잡한 생명 시스템을 단편적인 연구 결과만으로 해설하는 데에는 무리가 있기 때문이에요. 어쩌면 수십만 년에 걸쳐 형성된 생명의 비밀을 단 몇 개월 만에 풀어내려고 하는 것 자체가 애당초 불가능한 일인지도 몰라요.

비둘기는 독특한 육아 방식을 가지고 있어요. 녀석들은 다른 새들과 달리 젖을 먹여 새끼를 키워요. 물론 새에게 사람들이 생각하는 어미의 젖가슴이 있을 리는 없어요. 비둘기의 젖은 목 안에 있는 젖샘에서 분비돼요. 보통 젖은 암컷에게서 나오는 것으로 생각하지만, 비둘기는 수컷에게서도 젖이 나온다고 해요. 젖을 먹여 새끼를 키우는 까닭에 녀석들은 다른 새들처럼 먹이를 물어 나를 필요가 없어요. 어떻게 생각하면 다른 새들보다 편리하게 새끼를 키우는 것처럼 보여요. 하지만 새끼에게 젖을 먹이려면 그만큼 많은 먹이 활동을 해야 할 테니, 새끼를 길러 내는 고된 일은 여느 새들과 다를 바가 없답니다.

선생님이 관찰한 양비둘기는 서식 환경이 우수한 지리산에 터를 잡았어요. 따라서 녀석들이 이곳에서 살아가는 데 큰 어려움은 없어 보여요. 하지만 십여 년 전, 이곳에 살던 양비둘기가 갑자기 모

화엄사 근처의 양비둘기 서식처예요.

습을 감췄던 적이 있어 안심할 수는 없어요. 화엄사가 깊은 숲에 들어와 있더라도 사람들이 많이 찾는 관광 명소여서 그 점이 방해 요인으로 작용할 수 있어요. 양비둘기가 오래도록 이곳에서 자유롭게 살아가기를 기대해 봅니다.

기수갈고둥과 대추귀고둥

어릴 적, 뜨거운 여름이 오면 늘 하던 일이 있었어요. 바로 개천에 나가 물놀이를 즐기는 것이었어요. 지금처럼 핸드폰도, 게임기도, 컴퓨터도 없던 시절, 개천은 그 자체로 훌륭한 피서지이자 좋은 놀이터였어요. 당시 아이들은 학교를 마치면 너 나 할 것 없이 뒷내라고 불리는 작은 하천을 찾아 해가 질 때까지 떠나지 않았어요. 얼굴은 새까맣게 익었지만 무엇 하나 걱정할 것 없던 행복한 시절이었지요.

개천에서는 단순히 물놀이만 하지 않았어요. 고둥을 줍고, 물고기를 잡는 일은 빼먹을 수 없는 놀잇거리였어요. 투명하다는 말로는 다 표현이 안 될 만큼 물이 맑았던 개천에는 여러 생물들이 살았어요. 다른 강과 합류하지 않는 작은 독립 하천인데도 꺽저기와 은어, 붉은발말똥게, 남생이, 가재, 기수갈고둥 등 다양한 생물이 서식했지요. 물론 지금은 대부분이 그곳에 살지 않아요. 수십 년 전 하천 정

꺽저기는 물이 맑고 깨끗한 곳에 사는 물고기예요.

비 공사를 하면서 자취를 감춘 거예요. 그곳은 더 이상 물놀이를 할 수도, 생물이 살기도 어려운 죽은 개울이 되고 말았답니다.

오랜만에 어릴 적 추억이 깃든 개울을 찾았어요. 너무 많이 변해 버려 어렸을 때 보았던 자연스러운 모습은 찾을 수가 없었어요. 정비 공사가 끝난 직후에 비해 물은 많이 맑아졌지만, 물고기는 거의 보이지 않았어요. 망둑어 종류만이 이따금 헤엄칠 뿐이었지요. 개울을 따라 갯벌 쪽으로 자리를 옮기니, 반가운 생물이 보였어요. 징

기수갈고둥들이 돌 위에 달라붙어 있어요.

검다리 주변에 달라붙은 기수갈고둥들이었어요. 다른 생물들은 모두 떠난 빈 개울을 녀석들이 외롭게 지키고 있었어요. 화물차가 지나가고 굴착기가 개울 바닥을 파헤쳐 놓았지만, 녀석들은 용케도 끈질긴 생명력으로 살아남았어요. 그 모습이 단순한 고둥이 아니라 빛나는 보석처럼 보였어요.

 기수갈고둥은 멸종 위기 종으로 지정될 만큼 그 수가 빠르게 줄고 있어요. 하지만 이곳에서는 비교적 많은 수의 개체들이 살아가고

껍데기의 독특한 무늬는 기수갈고둥의 특징이에요.

있어요. 물속은 물론 물 밖의 바위에도 녀석들이 꽤 많이 달라붙어 있어요. 기수갈고둥은 우렁이와 생김새가 비슷해요. 처음 보는 사람이라면 우렁이로 착각할 수도 있어요. 하지만 껍데기에 세모 형태의 무늬가 많이 나 있어서 우렁이와는 쉽게 구별할 수 있어요.

우렁이가 논이나 개울, 둠벙 따위의 민물에서만 사는 것에 비해 기수갈고둥은 강과 바다가 만나는 기수 구역에서만 살아요. 그래서 이름도 기수갈고둥이에요. 이곳에 사는 기수갈고둥 역시 갯벌로부터 불과 20여 미터 남짓한 아주 좁은 면적에 대부분 서식하고 있었어요. 밀물 때 바닷물이 들어오는 곳까지가 녀석들의 한계 지역으로 보여요. 어렸을 때는 기수갈고둥과 대추귀고둥이 이렇게 귀한 대접을 받게 될 줄 전혀 몰랐어요. 비슷한 생김새의 다슬기나 우렁이와 달리 먹을 수 있는 고둥도 아니고, 그렇다고 예쁘게 생긴 것도 아니니 아무도 관심을 두지 않았지요.

민물과 바닷물이 서로 섞이는 곳에 있는 기수갈고둥 서식처예요.

기수갈고둥과 서식 환경이 비슷한 곳에 사는 고둥이 또 있어요. 대추귀고둥이라는 녀석이에요. 멸종 위기에 처해 있지만, 강진만 갯벌 주변에서는 대추귀고둥을 많이 만날 수 있어요. 기수갈고둥과 대추귀고둥, 두 종은 모두 다 바닷물과 강물이 만나는 기수역에서 살아간다는 점이 닮았어요. 그런데 생김새는 전혀 딴판이에요. 대추귀고둥은 그 모습이 대추를 닮았어요. 몸 색깔까지 대추와 비슷한 녀석도 있답니다. 대추귀고둥의 생김새에는 뜻밖에도 숨은 반전이 있어요. 몸을 뒤집으면 껍데기 입구가 사람 귀처럼 보인다는 점이에요. 대추와 사람 귀, 전혀 어울릴 것 같지 않은 조합이지만 묘하게 조화

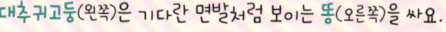
대추귀고둥(왼쪽)은 기다란 면발처럼 보이는 똥(오른쪽)을 싸요.

를 이룬다는 생각이 들어요. 대추귀고둥은 갯벌 위를 움직이면서 먹이 활동을 해요. 녀석들이 지나간 자리에는 어김없이 기다란 국수 면발처럼 보이는 진흙 뭉치가 있는데, 바로 녀석들이 싸 놓은 똥이에요.

동물 중에는 서로 전혀 다른 환경에 적응해서 살아가는 녀석들이 있어요. 예컨대 개구리나 도롱뇽처럼 뭍과 물을 오가며 살거나, 기수갈고둥이나 대추귀고둥, 붉은발말똥게처럼 민물과 바닷물이 만나는 곳에 사는 녀석들이에요. 언뜻 생각하면 양쪽 환경에서 다 살 수 있으니 다른 종들에 비해 적응력이 뛰어나고 생존력도 강할 것 같아요. 하지만 현실은 전혀 그렇지 못해요. 녀석들은 두 환경 중 어느 하나만 훼손되더라도 살아남을 수가 없어요. 개구리가 뭍에 올라오지 않고 물속에서만 살면 체온이 낮아져 죽고 말아요. 반대로 물속에 들어가지 않고 뭍에서만 산다면 체온이 높아져 죽어요. 기수갈고둥도 마찬가지예요. 녀석은 민물에서도, 바닷물에서도 살 수 없어요. 오로지 민물과 바닷물이 만나는 곳에서만 살 수 있답니다.

금개구리를 만나러 가다

　개구리 중에는 금개구리라는 이름을 가진 재미있는 녀석이 있어요. 하찮은 개구리 주제에 왜 귀한 '금' 자가 들어간 이름이 붙었는지 의아할 거예요. 그런데 녀석의 생김새를 관찰하면 그 이유를 쉽게 알 수 있어요. 녀석의 등 면에는 두 가닥의 줄무늬가 나 있는데, 색깔이 꼭 금빛처럼 보여요. 그래서 이름이 금개구리예요. 전체적인 생김새는 주변에서 흔히 볼 수 있는 참개구리와 다를 게 없어 보이지만, 이 금빛 줄무늬는 녀석들을 구분하는 중요한 관찰 요소랍니다.

　선생님은 학창 시절 내내 전남 내륙의 시골 마을에서 자랐어요. 집이나 논 주변에서 족제비, 능구렁이, 유혈목이, 무자치, 두꺼비 등을 흔히 만날 수 있었지요. 하지만 금개구리는 단 한 번도 본 적이 없었어요. 국립생물자원관 자료에 따르면 금개구리가 남한 전역에 분포한다고 설명하고 있으나, 전남 해안 주변의 육지에는 서식하지 않는

금개구리는 우리나라에만 사는 고유종 생물이에요.

것으로 보여요. 선생님이 태어나고 자란 고향 강진은 당시 경작지를 정리한다거나 하천 정비 따위를 시작도 하지 않은 자연 그대로의 모습을 간직한 곳이어서, 처음부터 금개구리가 살지 않았다고 보는 것이 정확할 것 같아요.

금개구리를 맨 처음 본 것은 논산 일대의 논에서였어요. 녀석들을 찾아 논산평야를 걸어 다녔어요. 드넓은 평야 지역에서 녀석들은 쉽게 눈에 띄지 않았어요. 녀석들의 개체 수가 적기 때문이기도 했지만, 더 큰 이유는 녀석의 습성을 잘 모르기 때문이었어요. 인간은 딱 자신이 아는 만큼만 보고, 그 범위만큼만 해석할 수밖에 없어요. 운 좋게 금개구리 몇 마리를 만났는데도, 짧은 순간 보고 지나치고 말았어요. 간신히 몇 장의 사진만 건졌지요. 아무래도 녀석과는 인연이 없는 모양이라 생각하고 발걸음을 돌려야만 했어요.

그 뒤 다시 녀석을 만난 것은 하동의 한 습지에서였어요. 장마철에 악양천이 범람하면서 생긴 저수지였어요. 그곳 역시 해안 지역과는 다소 거리가 떨어진 내륙이었어요. 거기에 녀석이 산다는 소식을 접하고 아침 일찍 하동을 향해 출발했어요. 가는 길에 보이는 섬진강의 맑은 물과 높은 산언저리에서 바라보는 들판의 모습이 상쾌했어요. 초여름이라 나무나 수풀이 제법 우거지기 시작했고, 벌써 모내기를 끝낸 곳도 많았어요.

금개구리를 관찰하기 위해 저수지 주변을 걸었어요. 작은 저수지라 그런지 얼마 가지 않아 금개구리 두 마리를 발견했어요. '멍텅구리 개구리'라는 별명을 가진 녀석들답게 가까이 다가가도 별다른 움직임을 보이지 않았어요. 참개구리 같았으면 재빨리 먼 곳을 향해 뛰어오르거나 물속으로 들어가 버렸을 테지만, 녀석들은 거의 움직이지 않았어요. 조금 더 가까이서 녀석들을 관찰해 보았어요. 여느 금개구리처럼 등 면에 반짝거리는 두 줄의 금줄이 있었어요. 참개구리에 비해 몸집이 훨씬 작아서인지 더 귀엽고 앙증맞은 느낌이었어요.

금개구리 등 면으로 두 줄의 금줄이 보여요.

금개구리는 대부분 하루 종일 물속에서 살아가요. 물과 뭍을 자유롭게 오가며 살아가는 참개구리와는 습성이 전혀 달라요. 민첩한 몸놀림에 뛰어난 점프 실력을 가진 참개구리와 달리, 몸놀림이 느리고 점프 실력 또한 초라하기 그지없지요. 이러한 습성은 녀석들의 개체 수가 줄어들 수밖에 없는 이유이기도 하답니다.

전 세계적으로 수많은 개구리가 멸종 위기에 처해 있어요. 개구리 몸에 기생하는 항아리곰팡이가 대표적인 원인이라고 해요. 전문가들에 따르면, 이 곰팡이 때문에 20여 년 동안 200여 종이 넘는 개구리가 멸종했다고 해요. 항아리곰팡이는 개구리 몸에 달라붙어 케라틴이라는 물질을 먹으며 살아가요. 케라틴은 피부 호흡을 하는 개구리에게는 반드시 필요한 단백질 성분이에요. 피부를 보호하는 케라틴을 잃은 개구리는 호흡을 제대로 하지 못하고 질식해서 죽고 말아요. 고작 곰팡이 따위가 개구리의 목숨을 앗아간다고 하니 놀라울 뿐이에요. 더욱 놀라운 사실은 항아리곰팡이가 우리나라에 서식하는 무당개구리에서 시작되었다는 점이에요.

국내에 서식하는 개구리들은 항아리곰팡이에 면역성을 가지고 있어 곰팡이 균에 감염되어도 별문제가 없어요. 하지만 다른 나라에 서식하는 개구리들은 이 곰팡이에 대한 면역성이 없기 때문에 한번 감염되면 돌이킬 수 없는 결과를 맞게 된다고 해요. 외래종의 침입이 그곳의 생태계에 있는 동물들에게 얼마나 심각한 영향을 줄 수 있는지 쉽게 알 수 있는 대목이에요.

　　금개구리가 서식하는 저수지 주변에는 다양한 수생 식물이 많아요. 작은 곤충이나 거미 또한 매우 풍부하지요. 수생 식물은 금개구리의 은신처 역할을 하고, 작은 동물은 금개구리의 먹이가 돼요. 당

하동의 한 저수지에 있는 금개구리 서식지예요.

분간 사람의 손에 개발되지만 않는다면 금개구리가 살아가기에 큰 어려움이 없어 보여요. 하지만 불안한 징조도 있어요. 유해 외래종 생물로 지정된 붉은귀거북의 모습이 관찰되었기 때문이에요. 아마도 반려동물로 기르다가 이곳에 버렸을 가능성이 커요. 저수지 주변에 사는 붉은귀거북의 개체 수가 얼마나 되는지는 알 수 없지만, 금개구리의 생존에도 영향을 줄 것이 분명했어요. 사람들의 헛된 욕심과 생명에 대한 무지가 이곳에도 뻗치고 있다는 사실이 두렵고 안타까워졌어요.

해수욕장에 사는 표범장지뱀

뜨거운 뙤약볕이 내리쬐는 한여름이 되면 반 아이들이 종종 도마뱀을 잡았다며 보여 주곤 해요. 운동장 주변의 풀숲에서 볕을 쬐고 있는 녀석들을 채집해 온 거예요. 하지만 아이들이 잡아 온 녀석들 대부분은 도마뱀이 아니라 줄장지뱀이나 아무르장지뱀인 경우가

도마뱀을 닮은 줄장지뱀(왼쪽)과 아무르장지뱀(오른쪽)이에요.

많아요. 장지뱀이란 이름은 기다란 발가락을 뜻하는 한자어 '장지'에서 유래되었어요. 또 몸집이 가운데 손가락 정도 되어서 장지뱀이라 부르기도 해요. 잡아 온 녀석들을 보면서 하나하나 설명하다 보면 자연스럽게 표범장지뱀까지 이야기가 이어져요. 그런데 자주 관찰했던 줄장지뱀이나 아무르장지뱀, 도마뱀 등에 비해 표범장지뱀은 실제로 본 적이 없어서 왠지 가짜 지식을 알려 주는 것만 같았어요. 멸종 위기에 처해 녀석들을 만날 기회가 거의 없었거든요. 녀석들을 보기 위해서는 먼 곳에 자리한 서식지를 찾아가야 했어요.

표범장지뱀 서식지를 자세히 알아보았어요. 녀석들이 태안, 합천, 변산반도, 춘천, 계룡산, 서울 일대 등 우리나라 전역에 살고 있음을 알 수 있었어요. 동물 관찰이 늘 그렇듯, 찾아간다고 해서 만나리라는 보장은 없어요. 효율적인 관찰을 위해서는 좁은 지역이 필요했고, 숲보다는 해안가 근처 모래 벌의 어느 한 곳이 좋을 것 같았어요. 그 결과, 녀석들의 최대 서식지로 알려진 충남 태안군에 위치한 한 해수욕장을 최종적으로 선택했어요. 초여름, 녀석들이 왕성한 활동을 시작할 때쯤 태안으로 향했어요.

따뜻한 햇볕이 모래 벌을 비추고 있었어요. 멸종 위기 종에 지정된 동물답게 표범장지뱀이 사는 대부분의 서식지는 출입이 금지되어 있었어요. 보호를 위한 대나무 울타리 너머로 바스락거리며 움직

표범장지뱀이 해안가 근처에서 주위를 살피고 있어요.

이는 녀석들의 모습이 보였어요. 관찰하기에는 거리가 멀었어요. 일단 개미귀신을 관찰하면서 이렇게 해야 할지 생각해 보기로 했어요. 엄청난 숫자의 개미귀신이 모래밭에 깔때기 모양의 구멍을 파 놓고 그 속에서 개미와 같은 먹잇감이 나타나기를 기다리고 있었어요. 사람들에게는 손가락 한 마디도 되지 않을 만큼 작은 몸집이지만, 개미들에게는 그 어떤 포식자보다 무서운 녀석이었지요.

개미귀신을 관찰하던 중 반가운 녀석이 다가왔어요. 기다리고 기다리던 표범장지뱀이었어요. 위장복을 입고 가만히 앉아 있는 선생님을 풀숲이나 바위 정도로 생각하고 온 듯 보였어요. 녀석은 호기심이 많으면서도 침착하고 조심스러웠어요. 선생님이 조금이라도 움직이면 경계하는 듯 걸음을 멈추고 주위를 살폈어요. 그러다 안심이 되었는지 모래를 파기 시작했어요. 처음에는 볕을 피해 모래 속으로 파고들어 가려는 줄로 알았어요. 하지만 녀석이 원하는 것은 개미귀신이라는 걸 잠시 후 알게 되었어요.

표범장지뱀(왼쪽)이 개미를 귀신같이 잡아먹는다는 개미귀신(오른쪽)을 찾고 있어요.

녀석은 기다란 발톱 덕분에 모래알 사이로 발이 빠지지 않고 자유롭게 이동해 다니며 먹이를 찾았어요. 아직 어린 녀석인지 활동량에 비해 수확은 그다지 없었지요. 결국 녀석은 여러 개의 모래 구멍을 파고 다닌 한참 후에야 개미귀신을 찾아냈어요. 그러더니 재빨리 집어삼켰어요. 표범장지뱀은 주로 몸집이 작은 동물을 잡아먹고 살아가요. 여러 종류의 거미와 곤충류가 주요 먹잇감이에요. 녀석들은 시기별로 많이 활동하는 먹잇감을 잘 알고 있는 듯해요. 이맘때 녀석들이 주변에서 가장 손쉽게 찾을 수 있는 먹이는 개미귀신이에요. 그래서 이 시기 표범장지뱀은 집중적으로 개미귀신만 찾아다녀요. 사냥 성공 확률을 높여 불필요한 에너지 낭비를 막기 위한 것이지요.

녀석은 표범장지뱀이라는 이름답게 온몸에 표범 무늬가 가득했어요. 마치 사막 한가운데서 군복을 걸치고 있는 듯한 모습이었어요. 하지만 몸에 새겨진 표범 무늬는 멋을 위한 것이 아니에요. 동물 중에는 사람처럼 멋을 부리는 녀석들이 있지만, 표범장지뱀의 무늬는 멋과는 거리가 멀어요. 이 무늬는 천적으로부터 몸을 지켜 내는 데 매우 효과적인 방어 수단이 돼요. 실제로 녀석들이 움직이지 않고 모래 위에 가만히 있으면 잘 보이지 않아요. 다시 말해 새와 같은 천적의 눈에 거의 띄지 않기 때문에 몸을 보호할 수 있다는 말이에요. 표범장지뱀은 개미귀신과 같은 작은 동물에게는 무서운

등 면과 다리에 퍼져 있는 **표범장지뱀**의 **얼룩무늬**는 천적으로부터 몸을 보호하는 역할을 해요.

포식자이지만, 갈매기나 너구리와 같은 상위 포식자에게는 연약한 먹잇감에 불과하므로 늘 주변을 경계하며 몸을 보호해야만 해요.

선생님은 곤충이든, 개구리든, 뱀이든 손으로 직접 잡아서 관찰하는 것은 되도록 하지 않아요. 관찰이라는 이름 아래 녀석들에게 해가 가는 일은 하고 싶지 않기 때문이에요. 물론 관찰 과정에서 녀석들에게 피해를 주는 것은 부인할 수 없는 사실이에요. 하지만 그마저도 최소화하고자 녀석들을 붙잡지 않고 있는 그대로 관찰하려고 노력해요. 시간이 훨씬 더 오래 걸리는 일이지만 말이에요. 이번에 관찰한 표범장지뱀도 마찬가지였어요. 녀석을 관찰하기 위해 어떤 인위적인 행위도 하지 않았어요. 오히려 녀석이 먼저 곁으로 다가와 선생님 주변을 맴돌았어요. 가끔 무릎 위로 올라오기도 하고, 발밑을 파고들어 가려고도 했어요. 덕분에 선생님은 가까운 거리에서 꽤 오랜 시간 동안 녀석을 관찰할 수 있었어요. 거의 한 시간이 넘도록 녀석은 모래밭 주변을 서성이며 먹이 활동을 했어요. 사진 모델이라도 되어 주듯 사람을 의식하지 않는 것처럼 움직였어요.

 녀석과의 헤어짐은 선생님이 먼저 알렸어요. 다음 일정을 위해 자리를 털고 일어나야 했기 때문이에요. 녀석이 깜짝 놀란 듯 재빨리 도망쳤어요. 역시 이제껏 선생님을 바위라고 생각했던 게 틀림없어요. 녀석은 모래를 헤치며 달려갔어요. 그러고는 울타리 너머로 들어가더니 안심이 되는지 걸음을 멈추었어요. 녀석이 떠난 후 미시근한 바닷바람이 불어왔어요. 그제야 이마에 가득한 땀을 닦아 냈어요.

가을

탐진강 갈대밭의 주인, 붉은발말똥게
영광 호랑이의 흔적을 찾아 나서다
희한하게 생긴 육상플라나리아
무안 바다 해수어, 탐어
땅 위의 청소 일꾼들을 만나다
작고 매력적인 깡충거미의 세계

탐진강 갈대밭의 주인, 붉은발말똥게

　우리나라의 유물, 유적에 관한 책 중에 『나의 문화유산답사기』란 책이 있어요. 미술사학자로 널리 알려진 유홍준 교수가 쓴 이 책은 오랫동안 독자들로부터 꾸준한 인기를 얻고 있어요. 책에서 가장 먼저 등장하는 문화유산 답사 일 번지 지역은 바로 강진군이에요. 그는 문화유산을 답사하고 싶은 사람이라면 가장 먼저 강진군 일대를 둘러봐야 한다고 강조해요. 다산초당, 무위사, 백련사 등의 유구한 문화 유적이 많아 문화적, 역사적 가치가 높은 곳으로 평가하는 것이지요. 선생님은 이에 빗대어 강진만 일대를 생태 답사 일 번지라고 말해요. 생물, 자연, 환경 등에 관심이 있는 사람이라면 우리나라에서 가장 먼저 가 보아야 할 곳으로 강진을 꼽거든요.

　한반도 남단에 자리 잡은 강진군에는 '탐진강'이라는 작은 강이 흘러요. 강이라고는 하지만 길이가 50여 킬로미터밖에 되지 않을 만

탐진강은 물길이 막혀 있지 않아 다양한 종류의 생물이 살아요.

큰 짧아요. 하지만 작고 짧은 강이라고 해서 결코 하찮게 여길 수는 없어요. 이곳은 우리나라 어느 지역보다 생물 다양성이 높은 곳이에요. 국립환경과학원이 조사한 결과에 따르면, 탐진강 하구에는 총 1131종의 생물이 살고 있어요. 규모가 더 큰 다른 강들에 비해 훨씬 더 많은 종이 살아가고 있는 거예요. 탐진강 수계의 육상 동물이다,

아직 발견되지 않은 종까지 더하면 엄청난 종류의 생물이 이곳을 터전으로 살아가는 셈이지요.

　　탐진강에는 왜 이렇게 많은 생물이 살고 있을까요? 이유는 간단해요. 다른 여느 강들과 달리 하구가 닫혀 있지 않기 때문이에요. 규모가 제법 있는 강이라면 사람의 편의와 개발 등을 위해 하구에 둑을 쌓아 막아 놓은 경우가 많아요. 물길이 막힌 강은 물 흐름이 느려지고, 점점 물이 썩어 가요. 그러한 환경에서는 생물들이 살아가기 어려워요. 사람 역시 강물을 이용할 수가 없어요. 강물은 넘쳐 나지만 농업용수로도 쓸 수가 없어요. 물은 쉼 없이 흘러야 해요. 그렇지 않으면 탈이 나고 말아요. 아무리 맑고 깨끗한 물이라도 새로운 물이 들어와야지만 깨끗한 상태를 유지할 수 있어요. 그것이 바로 물이 가진 숙명이에요.

　　쉼 없이 흘러가는 탐진강 하구에는 너른 습지와 갯벌이 펼쳐져 있어요. 한눈에 봐도 다양한 생물이 살아가기에 안성맞춤인 곳이에요. 특히 이곳에는 붉은발말똥게, 대추귀고둥, 흰발농게, 기수갈고둥, 꺽저기, 남생이, 수달 등 희귀한 멸종 위기 동물이 살아가고 있어요. 녀석들이 살아갈 수 있는 마지막 남은 안식처인 셈이에요. 강진만 일대는 국립 공원도 아니고 보호 구역도 아니에요. 하지만 정부나 지방 자치 단체에서 지정한 다른 어떤 지역보다 훨씬 더 생태적

붉은발말똥게는 말똥 냄새가 나는 말똥게 중 붉은 발을 가졌다 해서 붙은 이름이에요.

으로 건강하고 풍성한 생물 다양성을 유지하고 있어요. 선생님은 거의 매주 이곳을 찾는데, 오래전부터 많은 동물을 관찰하고 기록해 오고 있어요. 그중 붉은발말똥게란 녀석을 소개하고자 해요.

붉은발말똥게는 주로 강 하구 근처의 돌 밑이나 펄에 구멍을 뚫고 살아가는 작은 게예요. 바닷물에 수시로 젖는 갯벌보다는 주로 강 부근의 메마른 갯벌에서 발견돼요. 녀석들은 생김새만 보면 여느 갯벌에서 쉽게 볼 수 있는 도둑게와 닮았어요. 그래서 웬만한 눈썰미를 가진 사람이 아니라면 둘을 구분하기란 결코 쉬운 일이 아니에요.

두 종을 구분하기 위해서는 눈뒷니라고 불리는 부위를 비교해 보아야 해요. 도둑게는 이 부위가 매끈하게 나 있지만, 붉은발말똥게는 움푹 패어 있거든요. 이외에도 두 종은 색깔에서 조금 차이가 있어요. 하지만 사는 곳에 따라 몸 색깔의 변이가 심한 편이어서 두 종을 정확히 구분하는 데에는 색깔이 별로 도움이 되지 않아요. 눈뒷니라는 부위를 보아야만 두 종을

도둑게는 부엌에 들어가 음식물을 훔쳐 먹는다고 해서 붙은 이름이에요.

107

손쉽게 구분할 수 있답니다.

 사실 생김새가 비슷하면 다 붉은발말똥게라고 부르면 되는 거지, 뭘 그렇게 구분하느냐고 질문할 수도 있어요. 그게 사람에게 무슨 도움이 되는지 따지면서 말이에요. 이 세상에 존재하는 많은 동식물에 이름을 붙이고 구분할 때 비로소 그 대상들은 인간의 인식 세계로 들어와요. 김춘수 시인의 「꽃」이라는 시처럼 무의미하게 존재하던 대상이 의미 있는 존재로 탈바꿈하는 것이지요. 나와는 아

붉은발말똥게는 마른 갯벌의 큰 돌 주변에서 살아가요.

무 관련 없는 대상이 내가 지켜 주고 보살펴 주어야 하는 대상이 될 수 있는 첫 번째 단계인 셈이에요. 선생님도 어렸을 적, 녀석들의 존재를 전혀 모른 채 살던 시기에는 녀석이 죽든지 말든지 아무런 관심이 없었어요. 하지만 녀석들의 존재를 알게 된 지금에는 멸종하지 않고, 오랫동안 강진만 갯벌에서 살기를 바라는 마음이 생겼어요.

 붉은발말똥게가 서식하는 곳 주위에는 큰 돌들이 많아요. 과거에는 모두 없었던 것들로, 강가에 제방을 쌓고 남은 돌들이에요. 이 돌들이 있는 곳에 붉은발말똥게가 몸을 숨긴 채 살아가고 있어요. 버려진 돌들이 녀석들의 훌륭한 보금자리가 되어 준 거예요. 한때 제방 공사를 하는 과정에서 많은 녀석들이 사라졌지만, 지금은 변화된 환경에 적응하며 잘 살아가고 있어요. 생물들은 생명력이 뛰어나요. 웬만한 변화에도 살아남는 힘을 가졌지요. 하지만 하구를 막거나, 갯벌을 메워 버리는 등의 급격한 변화 앞에서는 그 어떤 생물도 생존하기 어려워요. 사람들은 반드시 그 점을 염두에 두고 개발을 해야 할 기예요.

영광 호랑이의 흔적을 찾아 나서다

맹호도와 한반도 지도 그리고 서울올림픽, 서로 전혀 연관성이 없을 것 같은 세 대상에는 공통점이 있어요. 바로 호랑이가 등장한다는 점이에요. 맹호도는 호랑이가 등장하는 조선 시대 민화로, 현재까지 여러 작품이 남아 있어요. 서울올림픽에서는 호돌이라는 호

한국호랑이(백두산호랑이)와 같은 종인 **시베리아호랑이**예요.

랑이가 마스코트로 활용되었고, 한반도 지도는 그 생김새를 호랑이 형상에 비유하는 사람들이 많아요. 아주 오래전부터 현대에 이르기까지 호랑이는 우리나라를 대표하는 신성한 동물로 여겨져 왔어요. 하지만 현재 호랑이는 동물원 말고는 남한 전역 어느 곳에서도 발견되지 않아요.

중국의 판다, 캐나다의 비버, 호주의 캥거루 등과 같이 각 나라를 대표하는 동물은 그 나라에서 살고 있고, 많은 사람으로부터 관심과 보호를 받아요. 그런데 우리나라의 경우에는 호랑이가 살고 있지 않은 데다 호랑이를 보존하려는 노력도 잘 이루어지지 않고 있어요. 살지도 않는 동물이 한 나라를 대표한다고 하니, 참 이상하지요? 과연 남한에서 멸종된 호랑이가 우리나라를 상징하고 대표할 수 있을까요?

이쯤 되면 호랑이가 우리나라에 살기는 했는지 의문이 들기까지 해요. 야생에서 호랑이를 실제로 본 사람이 아무도 없으니 말이에요. 적은 수의 사진들이 남아 있지만, 그마저도 우리나라 사람이 아니고 외국인들이 찍은 것이 대부분이에요. 이제 호랑이가 실제로 우리나라에서 살았다고 증명해 줄 대상은 거의 남아 있지 않아요. 그런데 호랑이에 관한 자료를 조사하던 중, 우리나라에 호랑이가 살았다는 첫 증거를 찾을 수 있었어요. 바로 백여 년 전에 우리나라 숲

호랑이 박제가 한 초등학교 현관에 전시되어 있어요.

속에서 잡힌 호랑이가 박제 상태로 남아 있다는 것이었어요. 더욱 놀라운 점은 호랑이 박제가 동물원도 박물관도 아닌, 어느 초등학교 현관에 전시되어 있다는 사실이었어요.

호랑이 박제가 있는 곳은 전남 목포시에 자리한 한 초등학교예요. 이곳에는 색이 바랜 낡은 호랑이 박제가 유리관 속에 전시되어 있어요. 목포에 있지만 그렇다고 녀석의 고향이 목포는 아니에요. 녀석이 잡힌 곳은 영광의 불갑산이에요. 불갑산은 해발 고도가 516미터에 불과하지만, 함평 일대까지 넓게 자리하고 있어요. 당시 호랑이들이 살아가기에 적합한 곳이었던 셈이지요. 하지만 호랑이라면 고기든 박제든 모두 일본으로 가져가던 일제 강점기에 녀석은 어떻게 우리나라에 남게 되었을까요?

불갑산에 살았던 이 호랑이는 1908년, 한 농부가 설치한 함정에 걸려 잡혔어요. 그 뒤 일본으로 갔다가 박제로 만들어져 다시 이곳까지 오게 되었어요. 이러한 일이 가능했던 것은 당시 이 초등학교가 일본인들이 주로 다니던 학교였기 때문이에요. 어떤 일본인 사업가가 호랑이 박제를 이곳에 기부하였고, 해방 후 일본인들이 떠나면

일제 강점기에 호랑이가 잡혔다는 **불갑산**이에요.

서 지금까지 남아 있게 된 거예요. 이 같은 사실도 역시 호랑이 연구가였던 한 일본인에 의해 밝혀졌어요. 그는 일본에는 살지도 않는 호랑이를 조사하려고 한국을 방문하고 취재하여 책으로 남겼어요. 우리나라의 학자나 기자들이 하지 못한 일을 일본인이 해낸 것이지요. 우리나라를 상징하는 마지막 호랑이의 역사가 일본인에 의해 저술되었다니 몹시 안타까운 일이에요.

불갑산 호랑이가 살았을 법한 곳을 찾아 산을 올랐어요. 한참을 오르니 호랑이가 실제로 서식했던 동굴이 나왔어요. 녀석들은 오랜 시간 동안 이곳에서 새끼를 낳고 길러 내며 살아왔을 거예요. 지금은 녀석의 모습을 딴 조형물이 있을 뿐 야생 호랑이의 흔적은 찾아

불갑산 호랑이가 실제 살았다는 동굴 입구에 호랑이 조형물이 세워져 있어요.

볼 수 없어요. 아직도 백두 대간을 중심으로 호랑이가 발견되었다는 소식이 종종 들려와요. 하지만 단절된 남한 땅에서 호랑이가 살아남았을 리 없어요. 깊은 숲속까지 도로가 나 있고, 숲과 숲이 끊어진 우리나라에서 호랑이가 살아가는 것은 사실상 불가능한 일이기 때문이에요. 설사 아주 운 좋게 소수의 호랑이가 남아 있다고 하더라도 근친 교배 등으로 종을 유지하기는 어려울 거예요.

 호랑이가 없어져 안심하고 숲을 돌아다닐 수 있으니 예전보다 좋은 일이라고 말하는 사람들도 있어요. 멧돼지가 도심에 출몰하는 것만으로도 심각한 위협을 느끼니 말이에요. 사실 선생님도 지금 당장 호랑이가 집 주변의 야산에 살고 있다고 하면 걱정이 될 것 같아요. 그럼에도 불구하고 생태계의 한 종이 사라지는 것은 막아야 한다고 생각해요. 그 대상이 초식 동물이어서 안 되고, 육식 동물이어서 멸종되어도 괜찮다는 생각은 옳지 않아 보여요. 녀석들에게는 저마다 생태계 일원으로서 살아갈 권리가 있고, 각자 역할을 해냄으로써 숲 생태계가 건강함을 유지할 수 있으니까요.

희한하게 생긴 육상플라나리아

아마 플라나리아를 모르는 사람은 없을 거예요. 플라나리아는 맑은 물이 흐르는 계곡 바닥의 돌 밑에서 살아가요. 녀석에게는 몸이 손상되어도 다시 원래대로 회복하는 놀라운 재생 능력이 있어요. 영

플라나리아는 민물에서 살아가는 동물이에요.

생을 바라는 사람들에게는 언제나 솔깃한 연구의 대상일 거예요. 그런데 육지 위에도 플라나리아와 비슷한 녀석이 있어요. 망치를 닮은 머리와 지렁이를 닮은 가늘고 기다란 몸. 바로 육상플라나리아가 그 주인공이에요. 여러 사람이 녀석을 촬영한 모습을 보면 몸 색깔이나 몸길이 등이 무척 다양해 보여요. 생각보다 많은 종이 우리나라에서 사는 것 같아요. 하지만 아직까지 연구가 많이 진행되지 못한 상태여서 정확한 종 구분이나 정식 명칭은 붙어 있지 않답니다.

어떤 사람들은 육상플라나리아를 채집하여 집에서 기르기도 해요. 실제로 녀석을 판매하는 쇼핑몰도 있는데, 꽤 비싼 값에 거래되고 있어요. 하지만 녀석들은 의외로 우리 주변에서 쉽게 만날 수 있어요. 특히 비가 오는 날이면 숲이나 산책로 주변의 돌이나 나무 주변에서 쉽게 발견돼요. 조금만 관심을 갖고 찾아보면 말이에요.

선생님이 맨 처음 녀석들을 만난 것은 이른 봄이었어요. 돌 밑에서 사는 여러 동물들을 관찰할 때였지요. 돌 밑을 들추니 이제까지 보지 못했던 새로운 생물이 돌에 둥글게 몸을 만 채로 달라붙어 있었어요. 그 모습이 어둡고 진한 빛깔의 거머리를 보는 듯했어요. 육상플라나리아는 비가 오는 날이 아니면 주로 돌 밑에서 지내는 것으로 보였어요.

둥글게 몸을 만 **육상플라나리아**는 거머리처럼 보여요.

　녀석에게 약간의 자극을 주자 잠에서 깬 듯 서서히 몸을 움직이기 시작했어요. 수축되어 있던 몸이 조금씩 꿈틀거리더니 어느새 기다랗게 펼쳐졌어요. 녀석은 마치 뱀이 이동하는 것처럼 땅바닥을 부드럽게 지나갔어요. 뱀과 차이점이 있다면 몸에서 끈끈한 점액질을 분비한다는 것이었어요. 녀석이 지나간 자리에는 흰색의 점액질이 묻어 있었어요. 육상플라나리아가 점액질을 분비하는 까닭은 땅바닥을 이동할 때 몸을 보호하기 위해서예요. 바닥과의 마찰을 줄여

육상플라나리아가 활동을 시작하자 몸이 길게 펴졌어요.

피부가 상하는 것을 막는 것이지요. 점액질의 역할은 여기서 그치지 않아요. 점액질은 먹이 활동을 할 때도 반드시 필요한 물질이에요. 녀석은 지렁이 같은 먹이를 즐겨 먹는데, 기다란 몸으로 먹잇감을 감은 후 끈끈한 점액질로 녹여서 영양소를 흡수해요.

육상플라나리아 중에는 테트로도톡신이라는 독을 가진 녀석들도 있어요. 이 물질은 복어의 몸속에 들어 있는 독과 같은 것으로,

주로 신경 세포를 마비시키는 역할을 해요. 멋모르고 맨손으로 만졌다가는 위험할 수 있으니 주의가 필요해요. 독이란 잘못 사용하면 죽음을 몰고 오기도 하지만, 때로는 약으로 사용할 수도 있어요. 신경 세포를 마비시키는 육상플라나리아의 독을 연구하면 환자들의 고통을 덜어 주는 치료제를 개발할 수도 있을 거예요. 자연 속 생물에게는 저마다의 생존 방식이 있어요. 그것을 연구하다 보면 인간의 삶을 더욱 편리하고 윤택하게 해 주는 기술을 개발할 수 있답니다.

육상플라나리아도 플라나리아처럼 재생 능력이 있어요.

그런데 육상플라나리아는 물속에 사는 플라나리아처럼 재생 능력을 갖추고 있을까요? 같은 플라나리아라는 이름에서 알 수 있듯이 육상플라나리아에게도 역시 재생 능력이 있어요. 하지만 각 종마다 재생 능력에는 다소 차이가 있는 것으로 보여요. 어떤 종들은 몸이 잘려도 거의 원래 상태로 회복되는 반면, 또 어떤 종들은 몸 일부에 난 작은 상처 정도까지만 재생돼요. 현재 녀석들은 연구가 부족한 미개척 분야의 생물들이어서 아직까지 자세한 생태는 알려진 바가 별로 없어요.

육상플라나리아는 자웅동체(암수한몸)의 생물이에요. 곧 암컷과 수컷의 생식기관을 모두 가지고 있는데, 흔히 달팽이나 지렁이와 같은 무척추동물에게서 발견되는 번식 방법이지요. 자웅동체의 생물이라 하더라도 혼자서는 번식을 할 수가 없어요. 두 녀석이 서로 암수의 역할을 하면서 짝짓기를 해야 2세가 나올 수 있어요. 생물은 서로 다른 개체의 유전자가 만나야 다양성을 가진 자손을 남길 수 있어요. 이는 육상플라나리아에서도 마찬가지예요. 다양한 유전 형질을 가진 육상플라나리아가 보다 더 건강하게 자랄 수 있으며, 환경의 변화에도 잘 적응할 수 있답니다.

무안 바다와 갯벌에서
물고기를 찾다

우리나라에 사는 물고기 종은 얼마나 될까요? 국립생물자원관 자료에 따르면 약 1304종(2020년 12월 31일 기준)에 이르는 물고기가 우리나라에 살고 있다고 해요. 작은 국토 면적에 비하면 엄청난 종이 살고 있는 셈이에요. 물은 크게 염분 농도에 따라서 해수(35퍼밀,

무안 바닷가는 자연환경이 잘 보존된 곳이에요.

퍼밀permil은 전체 양의 1000분의 1을 단위로 나타내는 비율), 기수(0.5~17퍼밀), 담수 염분(0.5퍼밀 이하)으로 구분할 수 있는데, 1304종의 생물 중 90퍼센트가량은 바다, 곧 해수에서 살아가요. 흔히 사람들은 바다에 사는 물고기를 떠올릴 때 어부나 낚시꾼이 잡은 돔이나 우럭, 광어 등의 생선들을 생각하는 경우가 많아요. 하지만 해수에는 녀석들 말고도 베도라치, 나비고기처럼 이름과 생김새가 아주 생소한 녀석들도 많아요. 게다가 먼 바다에서만 살 것 같은 신기한 물고기들이 우리들 아주 가까이에서 살아가고 있어요. 우리가 조금만 관심을 기울이면 주변 바다에서 살아가는 신기한 모습의 해수어들을 만날 수 있지요.

선생님이 주로 가는 곳은 남서 해안의 바닷가예요. 드넓게 펼쳐진 조간대에는 다양한 생물이 살아가고 있어요. 그중 습지 보호 지역으로 지정된 무안의 바다와 갯벌에서 사는 물고기들을 이야기해 볼까 해요. 무안은 해양수산부가 지정한 제1호 습지 보호 지역답게 갯벌이 잘 발달한 곳이에요. 대추귀고둥, 흰발농게, 검은머리물떼새, 큰고니 등 멸종 위기에 처한 동물을 쉽게 만날 수 있을 만큼 자연환경이 잘 보존된 곳이기도 하지요. 선생님은 주로 바닷물이 들어찬 작은 둠벙(웅덩이)에 사는 물고기를 관찰해요. 비교적 관찰이 편리하기 때문이에요. 모래밭 사이에 만들어진 작은 둠벙, 과연 이곳에는 어떤 물고기들이 살고 있을까요?

둠벙은 무릎 정도밖에 되지 않을 만큼 얕았는데 물은 탁했고, 무른 진흙이 쌓여 있었어요. 오전 내내 햇볕을 받아서인지 수온도 주변의 개울이나 바닷물에 비해 높았어요. 과연 이런 곳에도 생물이 살 수 있을까 하는 의문이 들었어요. 하지만 예상과 달리 그곳에는 놀라우리만큼 다양한 어종이 살고 있었어요.

그중 가장 먼저 발견한 종은 실고기라 부르는 풀해마였어요. 머리가 매우 작았지만, 말과 비슷한 생김새로 보아 녀석이 해마 무리에 속한다는 것을 알아차릴 수 있었어요. 풀해마는 몸이 가느다란 실처럼 생겨서 물고기라는 생각이 잘 들지 않을 거예요. 하지만 녀석은 엄연히 실고기과에 속한 물고기예요. 자세히 관찰해 보면 아가미도 있고, 지느러미도 달려 있음을 알 수 있어요. 다만 다른 물고

풀해마의 몸길이는 약 13센티미터예요.

기들에 비해 지느러미가 퇴화하여 헤엄을 잘 치지는 못해요. 그래서 꼬리를 이용하여 해조류 등에 몸을 고정하는 경우가 많답니다.

풀해마는 몸집이 작아 늘 포식자의 먹잇감이 돼요. 하지만 녀석은 약육강식의 바닷속에서 살아남기 위한 효과적인 방어 전략을 가지고 있어요. 그것은 바로 몸 색깔을 주변 환경에 맞게 바꾸는 능력이에요. 해조류와 비슷하게 몸 색깔을 바꾼 후 그곳에 가만히 붙어 있으면 다른 포식자로부터 몸을 지킬 수 있어요. 아무리 연약한 생물이라도 자신의 몸을 보호하는 전략 하나쯤은 가지고 있어요. 그것이 바로 오늘날까지 녀석들이 살아남을 수 있었던 이유예요.

둠벙에서 가장 많이 살고 있는 물고기는 망둑어과에 속한 녀석들이에요. 그중 검정망둑은 이곳에서 가장 쉽게 만날 수 있는 물고기예요. 주변 개울에는 민물검정망둑이 살고 있는데, 두 종은 엄밀히 따지면 서로 같은 종이라고 할 수 있어요. 바다에 살던 검정망둑이 민물고기로 정착하면서 민물검정망둑이 되었기 때문이에요. 검정망둑은 몸 색깔이 검은 데다 다 자라 봐야 10센티미터가 채 되지 않아요. 주로 바닥에 달라붙어 있어서 사람들 눈에 잘 띄지는 않지요. 녀석은 부채처럼 생긴 가슴지느러미를 이용하여 물속을 헤엄쳐 다녀요. 그 모습이 마치 두 다리로 점프를 하는 듯하답니다. 녀석들은 육지에서 흘러든 각종 유기물을 걸러 먹으며 바다를 청소하는

검정망둑은 관상어로도 기르는 물고기예요.

데 큰 역할을 해요.

　마지막으로 소개할 물고기는 앞동갈베도라치예요. 앞동갈베도라치는 몸 앞쪽에 가로띠가 있어 몸이 동강 난 듯 보이고(앞동갈) 몸 표면이 보드랍다고 해서(베도라치) 붙은 이름이라고 해요. 몸길이가 10센티미터도 되지 않을 만큼 작아, 멀리서 보면 그다지 눈에 띄지도 않는 녀석이에요. 하지만 자세를 낮추고 녀석의 눈높이에서 들여다보면 그 생김새에 놀랄 거예요. 생소한 이름만큼이나 생김새가 아주 독특하거든요. 눈 주변에는 관모가 나 있는데, 마치 눈썹을 위로 치켜올린 것처럼 보여요. 몸 색깔도 노란색과 검은색이 어울려 매우 화려한 느낌을 주지요. 사진으로만 보면 열대의 깊은 바다에서나 볼 법한 모습이에요. 하지만 녀석은 우리나라 해안에서 쉽게 만날 수 있어요. 조금만 관심을 가지고 들여다보면 말이에요.

앞동갈베도라치는 독특한 생김새가 특징이에요.

　앞동갈베도라치가 서식하는 둠벙에는 뱀고둥이 많아요. 녀석들은 뱀고둥을 터전으로 삼고 살아가요. 천적이 나타나면 뱀고둥 껍데기에 몸을 숨기고, 번식기가 되면 껍데기 안에 알을 낳아요. 뱀고둥은 앞동갈베도라치가 자기 몸에 세를 들어 사는 것이 귀찮을 법도 하지만, 가만히 내버려 두어요. 녀석 역시 앞동갈베도라치로부터 도움을 받기 때문이에요. 앞동갈베도라치는 뱀고둥 안에 살면서 영양분이 들어 있는 새로운 물을 수시로 공급해요. 덕분에 뱀고둥은 별다른 힘을 들이지 않고도 먹이 활동을 하며 살아갈 수 있어요. 녀석들도 서로 도움을 주고받으며 살아가는 것이 훨씬 더 안정되고 편리하게 살아갈 수 있음을 아는 거예요.

땅 위의 청소 일꾼들을 만나다

 살아 숨 쉬는 모든 생물의 삶은 끝이 있어요. 나비는 1년, 개는 20년, 코끼리는 60년이라는 짧은 시간을 살다가 이 땅에서 사라져요. 만물의 영장으로 지구상에서 주인 행세를 하며 살아가는 인간 역시 마찬가지예요. 의료 기술이 혁신적으로 발달한 오늘날에도 인간의 수명은 고작 100년을 넘기기 어려워요. 그런데 어떤 생물은 인간보다 훨씬 오랜 시간을 살기도 해요. 장수거북은 150년 이상을 살고, 백합조개의 일종인 카호그(quahog) 조개는 500년 이상을 산다고 해요. 한낱 조개 따위가 그렇게 오래 살다니 뭔가 부조화스러운 느낌도 들어요. 하지만 녀석들이 아무리 오래 산다고 해도, 지구의 긴 나이에 비하면 티끌 한끝에도 미치지 못하는 삶을 살고 끝나지요.

 생로병사. 모든 생물은 태어남과 동시에 늙고, 병들고, 죽어 가요. 죽음이 저 멀리 있는 것처럼 보이지만 언제나 우리 가까이에서 함께하고 있어요. 생물들은 저마다의 생로병사를 거치며 자연계의 일원으로서 자신의 역할과 맡은 바 임무를 다해요. 그 순환의 과정에서 한 축을 담당하는 녀석들이 있어요. 바로 자연의 청소 일꾼이라 불리는 생물들이에요. 우리는 자연을 청소하는 생물을 생각하면 생태계 가장 아래층에서 눈에 보이지 않는 미세한 몸집의 생물, 곧 박테리아나 곰팡이 같은 분해자를 떠올리는 경우가 많아요. 하지만 분해자 이전에, 죽은 동물을 먼저 청소하는 녀석들이 있어요. 거기에는 곤충, 파충류, 포유류 할 것 없이 다양한 종류의 생물이 있어요.

개미가 죽은 남방폭탄먼지벌레를 옮기고 있어요.

한여름, 컴컴한 밤이 되면 숲은 온통 곤충들의 소리로 뒤덮여요. 강렬한 빛에 가려 낮에는 들리지 않던 작은 소리까지 귀에 또렷이 들려오지요. 이때 손전등을 움직여 주변을 비추면 바스락거리는 소리를 내며 땅바닥을 재빠르게 돌아다니는 녀석들이 있어요. 바로 먼지벌레과에 속한 곤충들이에요. 녀석들은 이름처럼 땅바닥을 먼지나게 돌아다니면서 먹이를 찾아요. 사람들의 발에 밟히거나 차에 부딪혀 죽은 메뚜기, 여치, 귀뚜라미 등이 녀석들의 주요 추적 대상이에요. 대상을 발견한 녀석들은 그 자리에서 그것을 뜯어 먹어요.

폭탄먼지벌레는 야행성의 곤충으로 썩은 고기를 좋아해요.

그리고 한번 먹이 활동을 시작하면 주변의 웬만한 움직임에 별 반응을 보이지 않아요. 평소 같으면 꽁지가 빠지게 재빨리 도망갈 텐데 말이에요.

평소 사람들이 먼지벌레 무리의 곤충들을 만날 기회는 그다지 많지 않아요. 낮에는 주로 돌이나 낙엽 밑에 숨어 있다가 밤이 되어야만 활동을 시작하기 때문이에요. 그중 폭탄먼지벌레라는 녀석은 돌을 들추고 잠을 깨우면 어김없이 폭탄 방귀를 발사하는 독특한

폭탄먼지벌레가 먹이 활동을 하고 있어요.

습성을 지녔어요. 무서운 천적으로부터 몸을 지켜 내려는 행동이지요. 녀석들의 방귀가 손에 닿으면 검붉은 점이 생겨요. 일종의 화상 자국인 셈인데, 사람들에게는 그다지 큰 피해를 주지 않아요. 하지만 녀석들을 잡아먹는 개구리나 두꺼비 같은 양서류에게는 치명적인 위협이 돼요. 폭탄먼지벌레가 입속에서 뜨거운 방귀를 발사하면 두꺼비나 개구리 같은 포식자는 어김없이 폭탄먼지벌레를 토해 내요. 뜨거운 열기와 가스에 혼쭐이 나는 것이지요. 그래서 경험이 많은 양서류는 폭탄먼지벌레를 잡아먹으려 하지 않는답니다.

청소 일꾼을 이야기할 때 빠지지 않는 녀석이 또 있어요. 바로 송장벌레예요. 송장이라는 이름에서 알 수 있듯이 녀석은 죽은 동물에 많이 모여요. 녀석들은 애벌레, 개구리, 쥐, 뱀, 새 등 가리지 않고 어디든 죽은 동물이 있으면 모습을 드러내요. 송장벌레는 어떻게 죽은 동물이 있는 곳까지 찾아올 수 있을까요? 그것은 바로 죽은 동물이 분해될 때 발생하는 화학 물질 때문이에요. 녀석들은 더듬이를 이용하여 사체로부터 멀리 떨어진 곳에서도 이 화학 물질을 감지할 수 있어요. 죽은 동물을 재빨리 찾아낼 수 있는 능력을 집중적으로 발달시켜 온 덕분이에요. 아무리 송장벌레라고 해도 아무런 영양가 없는 다 썩은 고기를 좋아할 리는 없을 테니 말이에요.

송장벌레가 멀리서 사체를 찾아오는 까닭은 먹이 활동을 하기

곰보송장벌레는 동물의 사체나 배설물에 모여들어요.

위해서예요. 사람들에게 죽은 동물은 피해야 할 혐오의 대상이지만, 녀석들에게는 성대하게 차려진 밥상과 같아요. 게다가 죽은 동물은 녀석들이 새끼를 키워 내는 보금자리 역할까지 해요. 넓적송장벌레는 죽은 동물의 몸속에 알을 낳는데, 부화한 애벌레는 사체를 파먹으며 성충으로 성장해요. 신기한 점은 어미 송장벌레가 새끼들을 위해 사체를 신선한 먹이로 만들어 둔다는 점이에요. 사체는 시간이 지남에 따라 부패하면서 영양분이 줄어들어요. 그래서 어미 송장벌레는 사체가 썩지 않도록 자신의 몸에서 세균을 분비해 먹이가 오랫동안 신선함을 유지할 수 있게 해요. 그래야 알에서 부화한 새끼들이 건강하게 자랄 수 있거든요.

송장벌레가 지나간 자리에는 죽은 동물의 뼈다귀만 남아요. 녀석들은 사체를 더욱더 잘게 분해하여 미생물 등의 분해자가 그것을 무기물로 만드는 데 도움을 주어요. 덕분에 숲은 죽은 동물이 사라지고 늘 깨끗한 모습을 유지할 수 있어요. 하지만 송장벌레도 죽으면 개미 등 다른 동물들의 먹이가 되고, 결국에는 분해되고 말아요. 영원한 승자도, 패자도 없는 자연에서는 모든 생명들이 그저 자신에게 주어진 본능에 충실히 살아갈 뿐이에요.

유혈목이가 송장벌레에 의해 분해되어 뼈와 껍질만 남았어요.

우리는 평생 사는 동안 한 사람당 200만 명의 도움을 받는다고 해요. 밥 먹고, 세수하고, 옷을 입고, 버스를 타는 등의 모든 행위에는 알게 모르게 다른 사람들의 고생과 노고가 들어가 있어요. 나 혼자 힘으로 세상을 살아간다고 생각하지만, 사실 내가 누리는 모든 것들에서 다른 이들의 도움을 받고 있는 셈이에요. 이는 자연 속에서도 마찬가지예요. 우리가 마시는 물을 비롯해 숲에서 느끼는 상쾌함, 갯벌이 주는 풍성함 등 인간이 누리는 많은 것들에는 수백만 종에 이르는 생물들의 도움이 있어요. 그래서 약육강식의 동물 세계에서는 쓸모없는 생물이 하나도 없어요. 모든 것은 태어나고 죽으면서 다시 자연으로 돌아가며, 이는 새로운 탄생과 성장을 가져오는 밑거름이 된답니다.

작고 매력적인
깡충거미의 세계

거미 하면 가장 먼저 생각나는 것이 끈적끈적한 거미줄일 거예요. 어둡고 침침한 곳에 거미줄을 쳐 놓고 먹이가 잡히기만을 기다리는 장면이 우리가 생각하는 거미의 일반적인 모습이기 때문이에요. 하지만 거미 중에는 아예 거미줄을 치지 않고 살아가는 녀석들도 있어요. 거미가 거미줄을 치지 않는다니 말장난처럼 들릴지도 모르겠어요. 하지만 풀숲이나 나뭇잎 사이를 자세히 관찰하다 보면 깡충깡충 뛰어다니는 아주 작은 거미들을 만날 수 있어요. 바로 깡충거미과에 속한 거미들이에요. 1센티미터도 채 되지 않는 작은 깡충거미의 세계, 녀석들에게도 사람들 못지않은 치열한 삶의 세계는 존재하고 있답니다.

추석이 오기 전, 자주 가는 함평의 한 저수지를 들렀어요. 저수지 주변은 물이 가까이 있으므로 다양한 곤충을 만날 수 있는 장소예

깡충거미를 만난 전남 함평의 강운 저수지예요.

요. 물속에서 알을 낳고 애벌레 시기를 보내는 곤충들이 많기 때문이에요. 하지만 이날은 추석을 맞아 저수지 입구부터 묘지로 가는 길까지 제초 작업이 이루어진 상태였어요. 녀석들의 쉼터이자 보금자리가 사라져 버렸으니, 평소에 비해 많은 생물을 관찰하기는 어려워 보였어요. 그런데도 3종의 깡충거미를 만난 운이 좋은 날이었지요.

청띠깡충거미에는 청색으로 빛나는 짧은 털이 나 있어요.

산에서 불어오는 바람을 맞으며 흙길을 걷고 있을 때였어요. 나뭇잎 위에서 반짝거리며 시선을 끄는 녀석이 있었어요. 바로 청띠깡충거미였어요. 다 자라 봐야 0.5센티미터가량밖에 되지 않는 아주 작은 거미인데도 웬일인지 눈에 잘 띄었어요. 맨눈으로 보았을 때는 빛나는 모래 알갱이 같은 모습이었는데, 사진으로 보니 몸에 푸른빛이 나고 온몸에는 털이 나 있었어요. 청띠깡충거미는 어떻게 먹이 활동을 하고 살아갈까요? 워낙 몸집이 작아 별다른 먹이를 먹지 않아도 살아갈 것 같지만, 뜻밖에도 녀석은 뛰어난 사냥 실력을 갖춘 거미예요. 녀석의 주요 사냥감은 잎 위를 겁 없이 돌아다니는 작은 개미랍니다.

나뭇잎 위에서 사냥감을 기다리는 청띠깡충거미의 감시망에 개미 한 마리가 걸려들었어요. 녀석은 재빠르게 개미에게 접근하더니

곰개미가 청띠깡충거미에게 잡히고 말았어요.

목을 물었어요. 잠시 후 온몸이 마비된 개미가 움직이지 못하자, 녀석은 개미를 잎 가장자리로 끌고 갔어요. 포식자의 눈에 띄지 않도록 안전한 장소로 옮기는 것이었어요. 잠시 후, 녀석은 개미의 목을 물어 체액을 빨기 시작했어요. 평소에는 몸놀림이 워낙 민첩해서 관찰하기가 쉽지 않지만, 이번에는 먹이에 정신이 팔렸는지 카메라가

가까이 가도 도망치지 않았어요. 나뭇잎을 움직이며 자극을 줘 보았지만, 물고 있던 개미를 놓지 않았어요. 그만큼 많이 굶주린 상태인 것 같았어요. 흔히 호랑거미나 왕거미처럼 거미줄을 치고 살아가는 거미는 실젖이라는 기관이 잘 발달해 있어요. 녀석들은 거미줄의 원료가 되는 액체를 뱃속 실샘에서 만들어 내는데, 이 액체가 실젖을 통해 밖으로 나가면 우리가 흔히 보는 끈적끈적한 거미줄로

꼬마호랑거미는 거미줄을 치고 사는 거미예요.

바뀌어요. 녀석들은 이것을 이용하여 집을 짓고, 먹이 사냥을 하며 살아가요. 하지만 깡충거미에 속한 거미들은 실젖 부위가 퇴화해 있어요. 그래서 다른 거미들처럼 튼튼한 거미줄을 만들어 낼 수가 없어요.

그렇다고 해서 아예 거미줄을 만들지 못하는 것은 아니에요. 사람 눈에는 잘 보이지 않는 아주 가느다란 거미줄을 만들어 내거든요. 물론 집을 짓거나 먹이 활동을 위한 용도는 아니에요. 안전실이라고 불리는 이 가느다란 줄은 녀석들이 멀리 점프를 했을 때 위협이 생기면 다시 원래 장소로 돌아갈 수 있게 해 주어요. 영화 속 스파이더맨처럼 거미줄을 이용하여 장소를 이동해 다니는 셈이에요. 허무맹랑해 보이는 영화 이야기 속에 이러한 깡충거미의 생태가 그대로 들어 있는 줄은 몰랐어요.

깡충거미과에 속한 거미들을 자세히 관찰하다 보면 첫째 다리를 쉴 새 없이 움직이는 것을 알 수 있어요. 그 모습이 마치 손을 흔드는 것처럼 보여요. 녀석이 이러한 움직임을 보이는 까닭은 무엇일까요? 바로 개미의 더듬이를 흉내 내려는 것이에요. 실제로 첫째 다리를 이리저리 움직이는 모습은 개미가 더듬이로 하는 행동과 많이 닮았어요. 개미의 더듬이를 흉내 내는 것은 포식자로부터 자신의 몸을 보호하기 위해서예요. 개미는 새나 개구리 같은 포식자가 별로

청띠깡충거미가 첫째 다리를 이리저리 움직이며 개미 흉내를 내고 있어요.

좋아하지 않는 먹이예요. 개미산이라는 방어 물질을 내기 때문이에요. 이 물질이 몸에 닿으면 포식자들은 통증을 느껴요. 따라서 개미를 애써 잡아먹으려 하지 않지요. 누가 가르쳐 주지는 않았지만, 청띠깡충거미는 이러한 원리를 알고 자신의 생존에 유리한 방향으로 적용하며 진화해 왔답니다.

겨울

함평 먹황새를 만나다
무안 폐광을 탐험하다
고성 독수리를 만나러 가다
소백산 여우를 만나다
주암호 큰오색딱다구리를 만나다
고금도에서 삶을 만나다

함평 먹황새를 만나다

우리나라에서 볼 수 있는 새들은 545종(2020 국가생물종목록 기준) 정도 돼요. 그중에는 사계절 내내 한곳에서 살아가는 텃새와 봄, 가을 해가 바뀔 때마다 서식지를 바꾸는 철새 그리고 길을 잃고 날아든 새인 미조가 있어요. 선생님은 강진만을 비롯해 무안, 나주, 장성 일대를 돌아다니며 10여 년 넘게 새들을 관찰해 왔어요. 야생 동물을 관찰하는 것은 어려운 일이지만, 특히 새를 관찰하는 것은 더욱 힘든 일이에요. 조금만 위협을 느끼면 두 날개를 펼치고 어디든 날아가 버리기 때문이에요. 그래서 새들을 관찰하려면 잠복지에 몸을 숨긴 채 오랜 시간 참고 기다릴 줄 아는 인내심이 필요하답니다.

잠복지 앞에 나타난 야생 동물과의 만남은 늘 긴장과 감동을 불러일으켜요. 보통 때 같으면 전혀 만날 수 없는 삵과 수달 같은 녀석들이 아주 가까이 다가와요. 녀석들은 자신의 모습을 있는 그대로 보여 주어요. 때 묻지 않고 가식이 없는 자연스러운 모습이지요. 태초에 서로가 한 핏줄이었던 것같이 친구처럼 여겨지기도 해요. 녀석들과 함께하다 보면 상처 입은 마음이 치유되는 듯한 느낌이 들어요. 그 가운데 가장 인상적인 순간이었던, 먹황새와의 만남을 소개하고자 해요.

먹황새는 황새과에 속한 새답게 전체적인 체형이나 생김새가 황새와 비슷해요. 하지만 몸 색깔은 정반대예요. 온통 흰색을 띠고 있

먹황새를 만난 전남 함평의 대동 저수지예요.

는 황새와 달리 먹황새는 온몸이 검은빛을 띠고 있어요. 까마귀나 까치의 검은빛보다는 훨씬 더 은은하고 고고한 빛깔을 품은 듯 보여요. 특히 햇빛을 받으면 몸 색깔이 검은빛에서 푸른빛을 띤 옥색으로 변하는데, 그 모습이 무척 아름다워요. 선생님이 맨 처음 먹황새를 본 곳은 전남 함평의 한 저수지 일대였어요. 먹황새 두 마리가 하늘 위에서 날개를 움직이지 않고 날다가 저수지 부근의 전봇대 위에 앉았어요. 비행하는 모습이, 비슷한 몸집의 왜가리나 백로와는 달랐어요. 소란스럽지 않은, 기품 있고 우아한 모습이었어요.

하늘을 날던 **먹황새** 두 마리가 전봇대 위에 각각 앉았어요.

보자마자 하늘 위를 유유자적 날아다니는 신선 같은 느낌을 받았어요. 녀석들은 잠깐 모습을 보여 주더니, 하늘로 날아올라 산 너머로 사라졌어요. 녀석들과의 첫 만남을 뒤로하고 다음 날, 다시 그곳을 찾았어요. 이번에는 녀석들이 자주 모습을 드러냈던 습지 주변에 잠복 텐트를 설치했어요. 밖에는 거센 바람이 매섭게 몰아치고, 진눈깨비가 쉴 새 없이 흩날렸어요.

백로의 비행(왼쪽)과 먹이 활동(오른쪽) 모습이에요.

잠복한 후 두어 시간 지나자 백로와 왜가리가 나타났어요. 날이 추워서인지 별로 움직이지 않고 가만히 쉬고만 있었어요. 하루 종일 기다렸던 먹황새는 나타나지 않았지요. 그 뒤로도 여러 차례 잠복을 했지만, 녀석들은 끝내 모습을 드러내지 않았어요. 먹황새를 다시 만난 것은 그로부터 일 년이 훌쩍 지난 어느 한겨울 날이었어요.

높은 곳에 자리한 정자 위에 오르자, 개울가 한 곳에서 눈바람을 피해 있는 세 마리의 먹황새가 보였어요. 지난해 보았던 먹황새들이었어요. 녀석들은 가만히 선 채 아무것도 하지 않았어요. 개울 둑이 눈바람을 막아 주어 한결 편안해 보이는 모습이었지요. 아주 멀리서 한참 동안 녀석들을 지켜보았어요. 눈바람이 멎을 무렵 녀석들이 날갯짓을 하기 시작했어요. 그러더니 하늘 위 검은 점이 될 때까지 높이 올라 날아갔어요. 아쉽게도 그날 이후 지금까지 먹황새를 만나지 못하고 있어요.

먹황새는 멸종 위기 야생 생물 2급이던 것이 이제는 1급으로 높아졌어요. 그만큼 멸종이 앞당겨졌다는 의미예요. 경북 영주를 지나는 내성천에서 관찰되던 먹황새는 댐이 생기면서 어떻게 되었는지 알 길이 없어요. 소식이 없는 것을 보면 다시 그곳을 찾지 않은 것으로 보여요. 1960년대까지 우리나라에서 텃새로 번식하던 먹황새도 있었는데, 지금은 흔적조차 찾아볼 수 없어요.

먹황새는 2018년에 멸종 위기 야생 생물 1급으로 지정되었어요.

함평의 먹황새 서식지 역시 영주의 사정과 다를 바 없어요. 저수지 주변으로 흘러드는 개울은 겨울철이 되면 얕은 수위를 유지하고 있어서 먹황새가 먹이 활동을 하기에 최적의 조건이었어요. 하지만 지금은 저수지 확장 공사로 물이 가득 차 버렸어요. 한겨울 매서운 눈바람을 피하던 은신처도 깊은 물속으로 잠기고 말았지요. 게다가 주변의 연못과 습지는 땅으로 개간되었고, 저수지 건너편 산에는 도로가 만들어졌어요. 더 이상 이곳은 녀석들이 월동하기에 좋은 곳이 아니에요. 먹황새가 다른 곳으로 월동지를 옮겼는지, 아니면 선생님이 운이 나빠 만나지 못하는 것인지는 알 수 없어요. 녀석들이 이곳을 찾지 않는 것은 당연한 일일지도 몰라요. 마지막 남은 먹황새 월동지가 이렇게 사라져 가는 것이 몹시 안타까울 뿐이에요.

무안 폐광을 탐험하다

우리나라에는 크고 작은 동굴들이 많아요. 대부분은 석회암 지대에 형성된 석회 동굴이 주를 이루어요. 화산 활동으로 만들어진 용암 동굴이나, 파도의 침식 작용으로 만들어진 해식 동굴도 있어요. 이러한 동굴들은 만들어진 장소나 모양은 서로 다르지만, 오랜 시간에 걸쳐 형성된 자연 동굴이라는 공통점이 있어요. 또 학술적으로나 관광 자원으로서 가치가 높다는 특징도 있지요.

그런데 자연적으로 만들어진 동굴 외에 또 다른 유형의 동굴이 있어요. 바로 탄광이나 금광처럼 사람들이 직접 뚫은 인위적인 동굴이에요. 과거 석탄이나 금을 캐던 탄광 중에는 이제 폐광이 되어 방치된 곳이 많아요. 동굴의 위치를 알려 주는 안내판도 없고, 변변한 길도 없어요. 대부분 비바람에 갱도가 무너져 내렸고, 입구도 막혀 있어요. 겉모습만 봐서는 도무지 생명이라곤 찾아보기 힘들 것 같아요. 하지만 아무도 찾지 않을 것 같은 버려진 동굴에도 뭇 생물이 살아가고 있답니다.

전남 무안의 작은 야산에 자리한 폐광, 이곳은 선생님이 여러 차례 다녀왔던 곳이에요. 동굴에 사는 생물들을 관찰하기 위해서였어요. 무안은 드넓은 갯벌로 유명한 곳이지만, 생각보다 버려진 동굴이 많아요. 대부분 일제 강점기 때 금맥을 찾기 위해 일본인들이 파

전남 무안의 버려진 폐광 입구(왼쪽)와 내부 모습(오른쪽)이에요.

놓은 것이에요. 한때 암석을 뚫는 광부들의 작업 소리와 땀이 차 있던 그곳은 이제 고요함이 지배하고 있어요. 1년 365일, 시간의 흐름, 계절의 변화와 관계없이 늘 어둠과 침묵만이 이어지는 그곳에는 어떤 동물이 살고 있을까요?

초겨울 추위가 기승을 부리는 데도 동굴 내부는 제법 따뜻했어요. 입구 주위를 제외하면 이곳 온도는 일 년 내내 큰 변화 없이 일정하게 유지되고 있었어요. 손전등을 비추자 겨울잠을 자는 관박쥐들이 보였어요. 어렸을 적, 해 질 무렵에 지붕 틈 사이에서 나와 비행을 하는 집박쥐를 본 뒤로 아주 오랜만에 보는 박쥐의 모습이었어요. 더욱 자세하게 관찰하고 싶은 욕심이 들었지만, 녀석들을 방해하지 않기 위해 서둘러 동굴 밖으로 나왔어요.

관박쥐는 우리나라에서 가장 쉽게 만날 수 있는 박쥐예요. 깊은 숲이나 야산은 물론 섬에서도 볼 수 있어요. 녀석들은 겨울철에는 겨울잠을 자며 지내다가 여름이 되면 활동을 시작해요. 주로 낮에는 동굴에서 잠을 자거나 쉬고, 밤에 동굴 밖으로 나와 먹이 사냥을 해요. 앞다리가 변한 날개와 날카로운 발톱을 이용하여 나방이나 각다귀 따위의 몸집이 작은 곤충류를 잡아먹고 살아가요. 특히 녀석들은 공중에서 방향 바꾸기를 잘하고, 심지어 정지 비행도 가능해서 움직임이 재빠른 곤충을 사냥할 수 있어요.

폐광 안에서 관박쥐가 겨울잠을 자고 있어요.

캄캄한 어둠 속에서 우리의 감각은 불분명해져요. 주로 낮에 활동하는 인간은 오랜 시간을 시각에 의존해서 살아왔기에 앞이 보이지 않으면 답답하고 불안해져요. 이때 가장 날카롭게 예민해지는 감각이 바로 청각이에요. 물방울이 떨어지는 소리, 꼽등이가 뛰는 작은 소리도 귀에 또렷이 들려오지요. 소리로 주변의 상황을 알 수 있게 되는 거예요. 관박쥐 역시 칠흑 같은 어둠이 지배하는 동굴 속에서 소리를 이용하여 살아가요. 특히 녀석들은 인간의 감각으로는 듣기 어렵다는 약 20킬로헤르츠(kHz)보다 큰 초음파를 이용하는 것에 능숙해요. 녀석들은 음파의 진동으로 사물이나 지형의 위치를 식별하고, 어둠 속에서도 자유롭게 비행할 수 있답니다.

초음파는 인간 생활에도 유용하게 활용돼요. 의료나 해저 탐사, 유리 가공, 카메라 산업 등 분야도 다양하지요. 그중에서도 병원에서 시행하는 초음파 검사는 사람들에게 가장 익숙한 기술 중 하나예요. 초음파를 이용하면 피부에 가려진 내부 장기들을 들여다볼 수 있어 여러 질병을 진단해 낼 수 있어요. 만약 사람들이 박쥐처럼 초음파를 이용할 수 있다면, 그런 장비 없이도 몸속을 들여다보는 게 가능하지 않을까요? 그렇다면 몸 안의 종양이나 암을 더 빨리 알아낼 수도 있겠지요? 새삼 박쥐의 놀라운 초음파 이용 능력이 부러울 따름이에요.

빛이 들지 않는 동굴을 터전으로 살아가는 동물은 많지 않아요. 동물들의 먹이가 되는 식물이 광합성을 하지 못하기 때문이에요. 그래서 동굴에는 박쥐 같은 특정한 동물들만 살고 있어요. 하지만 동굴 바닥에는 물이 있고, 산소도 충분하므로 열악한 환경 속에서도 충분히 생물들이 살아갈 수 있어요. 여름철, 이곳에서 나방이나 꼽등이, 모기, 장구벌레 등을 관찰하였어요. 더 깊이 들어가면 붉은박쥐, 대륙쇠큰수염박쥐, 큰발윗수염박쥐 등도 살고 있다고 하나, 아쉽게도 안전상의 이유로 더 이상 들어가지는 못했어요.

폐광 안에서 발견한 꼽등이(왼쪽)와 모기(오른쪽)예요.

아무것도 살지 않을 것 같은 동굴에도 생명은 살아가고 있어요. 산개구리, 꼬리치레도롱뇽, 거미, 갈루아벌레, 노래기류 등 종류도 제법 다양하지요. 녀석들은 사람들의 무관심 속에서 안락하게 동굴 생활을 해 나가요. 사람들의 접근이 쉽지 않으니 제 마음껏 살아간답니다. 자연은 오염되고 파괴되어도 시간이 지나면 원래의 모습을 되찾는 힘이 있어요. 사람의 필요에 따라 만들어진 동굴이, 사람이 떠나면 다시 숲 일부로 돌아가는 것처럼 말이에요.

고성 독수리를 만나러 가다

그동안 선생님은 여러 번 독수리를 만났어요. 순천만 상공에서 유유히 하늘을 나는 모습도 보았고, 철원 평야에서 죽은 고라니를 물어뜯고 있는 모습도 보았어요. 하지만 멀리서 관찰하는 게 전부였어요. 녀석의 덩치가 워낙 커서 멀리서도 녀석이 무엇을 하고 있는지 조금은 알 수 있었지만, 왠지 아쉬운 느낌이 들었어요. 독수리를 관찰하기 위해 녀석들이 대규모로 월동 중인 경남 고성으로 갔어요.

독수리가 순천만 하늘 위를 날고 있어요.

읍에서 멀지 않은 곳에 녀석들의 월동지가 있었어요. 고성군 일대는 굶주린 독수리에게 먹이를 주는 분이 있어서 녀석들이 매년 그곳을 월동지로 찾고 있어요. 이는 가까운 거리에서 녀석들을 관찰할 수 있다는 뜻이에요. 마침 그곳에 도착할 때쯤 한창 먹이를 나눠 주고 있었어요. 들판에는 맛있는 고기가 한가득 차려졌지요. 하지만 녀석들은 좀처럼 먹이에 가까이 가지 못하고 있었어요. 주변에 있던 까마귀 떼만 실컷 배를 채우고 있었어요.

녀석들은 커다란 덩치답지 않게 매우 소심했어요. 먹이가 바로 앞에 있는데도 섣불리 달려들지 않았어요. 계속해서 주변을 경계하며 지켜보기만 했어요. 한 시간이나 지났을까요? 우두머리로 보이는 한 녀석이 먹이에 달려들자 그때야 비로소 너나없이 우르르 먹이로 달려들었어요. 이미 먹이의 대부분을 까마귀들이 먹고 난 후였어요. 녀석들은 먹는 중에도 주변을 살피며 경계하는 일을 늦추지 않았어요. 들판에 가득했던 고깃덩이는 이제 얼마 남지 않았어요. 그마저도 까마귀들의 괴롭힘으로 먹이 활동이 쉽지 않아 보였어요. 녀석들이 조금만 더 대범했더라면, 큰 덩치를 이용했더라면 배불리 먹을 수 있었을 텐데 참 안타까웠어요.

여기까지가 독수리의 단면을 보여 주는 대표적인 사례예요. 독수리는 널리 알려진 것과는 달리 용맹하지도, 멋있지도 않아요. 자

까마귀 떼 옆에서 독수리들이 주변을 살피고 있어요.

기보다 몸집이 훨씬 작은 새에게도 싸움에서 밀리며, 땅으로 내려와 걷는 모습은 우스꽝스럽기 짝이 없지요. 하늘의 제왕이라는 칭호가 이렇게 어울리지 않을 수가 없어요. 게다가 녀석들은 생김새와 달리 목소리가 너무 깜찍해요. "호호롱!" 하는 소리는 큰 덩치와는 정말 어울리지 않아요. 선생님은 이곳에 와서 이제껏 몰랐던 독수리의 새로운 모습을 많이 알게 되었어요.

그런데 수리과에 속한 새 중에는 소심한 독수리와는 대조적으로 아주 용맹한 녀석도 있어요. 바로 검독수리라고 불리는 녀석이에요. 흔히 사람들이 생각하는 하늘의 제왕은 검독수리를 두고 하는 말이에요. 딱 한 번 나주평야 일대에서 녀석을 만난 적이 있어요. 전

나주평야에서 만난 '하늘의 제왕' 검독수리예요.

신주 위에 앉아 있는 모습이 독수리보다 훨씬 늠름하고 용맹해 보였어요. 녀석은 죽은 동물의 사체를 먹는 독수리와 달리 살아 있는 동물을 사냥해요. 사냥 능력이 뛰어나고 힘이 세서 비둘기 같은 작은 새는 물론이고, 고라니 같은 대형 포유류도 잡아먹을 수 있어요. 같은 수리과에 속한 새이면서도 독수리와는 생김새는 물론 습성 면에서도 많이 달라요.

독수리도 멋있는 모습을 보여 줄 때가 있어요. 커다란 날개로 하늘 위를 활공할 때에요. 그 모습이 마치 비행기를 보는 것처럼 멋있는데, 이때만큼은 하늘의 제왕이라는 별명이 아깝지 않아요. 녀석은 날개깃을 펼쳤다 오므렸다 하면서 비행 속도와 방향을 조절해요. 특히 부위 별로 다른 깃털의 구조는 자유롭게 상승과 활공, 하강을 할 수 있게 해 주어요. 서로 다른 형태의 깃털 구조는 기류(공기의 흐름)의 속도를 차이 나게 만들고, 이는 양력(위쪽을 향하는 힘)의 사용을 아주 크게 하는 원동력이 되어 준답니다.

독수리는 날개를 움직이지 않고 나는 활공으로 주변을 살피고, 죽은 동물이 있는지를 찾아요. 뛰어난 시력 덕분에 멀리서도 먹잇감을 찾아낼 수 있지요. 눈 주변에 빛을 인식하는 시각 세포가 많고, 이를 전달하는 신경 섬유가 발달해 있기 때문이에요. 하지만 녀석의 활공은 아무 소득 없이 끝나고 마는 경우가 많아요. 우리나라

이제는 독수리들도 생존 경쟁에 내몰리고 있어요.

의 들판 주변에는 죽은 동물들이 거의 없기 때문이에요. 과거와 달리 소나 돼지 따위의 가축은 농장에서 집단으로 사육되므로 야생에 동물의 사체가 버려지는 일은 많지 않아요. 또 호랑이나 표범 같은 포식자도 없어서 이들에게 죽임을 당하는 동물도 별로 없어요. 당연히 죽은 고기를 처리하는 녀석들에게는 사는 게 점점 더 힘들어지고 있어요. 독수리는 지금 변화된 환경 속에서 적응하고 살아남느냐, 아니면 사라지느냐 하는 갈림길에 서 있어요.

소백산 여우를 만나다

　전국의 산천을 돌아다니다 보면 꼭 한 번쯤은 접하게 되는 마을 이름이 있어요. 바로 여우골이나 여우고개, 여시골 등의 이름이에요. 지명에서도 미루어 짐작할 수 있듯이 지형이 여우의 모습을 닮았거나, 과거에 여우가 자주 출몰했기 때문에 그렇게 불리는 거예요. 이런 이름은 도시라고 예외가 아니랍니다. 아파트가 즐비하고 차들이 쌩쌩 달리는 곳에도 여우골이라 이름 불리는 곳이 제법 있어요. 지금은 숲이 사라지고 도시가 되었지만, 과거에는 여우가 뛰어다닌 숲이 있던 곳이있음을 뜻하는 것이지요.

　선생님이 살던 고향에도 여우골이라는 이름을 가진 곳이 있었어요. 어르신들의 말에 따르면 나무를 하러 갈 때 여우를 제법 만났던 곳이라고 해요. 하지만 지금은 여우는 물론 그 흔적조차 발견되지 않아요. 현재 정부에서는 사라진 여우를 복원하는 사업을 추진하고

여우는 우리 옛이야기 속에 자주 등장하는 동물이에요.

있어요. 생태계 균형을 맞추고 건강한 생태계로 되돌려 놓기 위해서예요. 그런데 여우는 정말 남아 있는 녀석들이 없을까요? 정확히 밝혀진 바는 없지만, 녀석들은 지속적으로 목격되고 있어요. 주로 계룡산(거제)이나 가지산(울산) 같은 깊은 산의 숲을 중심으로 발견되고 있어요. 하지만 예전부터 이 땅에서 살아온 녀석들인지, 아니면 사육하던 개체들이 탈출한 것인지는 알 수 없어요.

선생님은 전국 곳곳의 숲과 강, 바다를 돌아다녔어요. 삵과 멧토끼, 참매, 흰꼬리수리 등 멸종 위기에 처한 수많은 동물을 관찰하고 기록해 왔지요. 하지만 아직까지 직접 여우를 목격한 적은 단 한 번도 없어요. 다른 어떤 동물들보다도 생존해 있는 개체 수가 매우 적기 때문일 거예요. 일본의 경우에는 깊은 숲뿐만 아니라 대도시 근교의 숲에서도 쉽게 여우를 만날 수 있다고 해요. 이상하게도 유독 우리나라에서만 여우를 만나기가 어려운 것 같아요. 하지만 우리나라에서도 여우를 쉽게 만날 수 있는 곳이 있어요. 바로 경북 영주시에 자리한 소백산국립공원(국립공원생물종보전원 중부복원센터)이에요. 이곳에서는 야생으로 돌려보낼 여우를 사육하고 있어요. 비교적 가

여우의 생김새는 개와 많이 닮았어요.

까운 위치에서 자세히 여우를 관찰할 수 있는데, 다만 여우가 짝짓기하는 시기인 겨울에는 관람이 제한될 수 있어요. 여우를 관찰하다 보면 생김새가 개와 매우 비슷하다는 점을 알 수 있어요. 주둥이가 조금 길고, 꼬리가 풍성하다는 점을 빼고는 개로 착각할 정도로 닮았어요. 하지만 녀석들은 개와 같은 가축이 아니에요. 언제든지 야생으로 돌아가야 할, 인간의 손에 절대 길들여져서는 안 되는 녀석들이랍니다.

대체로 여우는 몸 색깔이 붉은빛을 띠고 있어요. 그래서 우리 조상들은 녀석들을 불여시라 부르기도 했어요. 백두산 주변에는 붉은여우 말고도 또 다른 모습의 희귀한 여우가 살고 있어요. 온몸이 하얀 털로 덮인 흰여우가 그 주인공이에요. 워낙 수가 적어서 널리 알려지지는 않았지만, 백두산을 올랐던 등반객들이나 그곳에서 일하는 사람들이 종종 보았다고 해요. 몸 색깔만 보면 둘은 서로 다른 종 같아요. 하지만 흰여우는 붉은여우의 알비노(백색증) 개체라고 해요. 백호나 백사 등의 경우처럼 태어날 때부터 멜라닌 합성을 하지 못해 생긴 유전적 돌연변이인 것이지요.

우리나라 숲에는 호랑이, 표범, 스라소니 등과 같은 최상위 포식자의 수가 매우 부족해요. 기껏해야 몸집이 작은 담비가 최상위 포식자 역할을 맡고 있을 뿐이에요. 고라니나 멧돼지 등의 개체 수가 급증하고, 민가에까지 내려와 피해를 주는 것은 모두 이러한 이유 탓이에요. 포식 종이 줄어들면 그 아래에 놓인 초식 동물의 수가 늘어나고, 이는 곧 먹이 부족으로 이어져요. 한정된 서식 환경에서 많은 개체 수가 살아가야 하기 때문에 숲은 더욱 황폐해지고, 녀석들은 부족한 먹이를 찾아 마을로 내려오게 되는 거예요. 그리고 그 피해는 사람들에게까지 미쳐요. 건강한 숲이 되려면 다양한 포식자가 필요해요. 여우는 그러한 포식자들의 중간적인 지위에서 쥐나 토끼, 개구리, 새 등 여러 동물의 개체 수를 조절하는 역할을 해요.

스라소니는 성질이 난폭한 최상위 포식자예요.

선생님은 지금도 숲에 가면 항상 카메라를 켠 채 손에 쥐고 다녀요. 혹시라도 야생에서 살아남은 여우가 나타날 수도 있으니까요. 유럽의 여러 나라들처럼 우리도 공원이나 야산 등에서 쉽게 녀석들을 만날 수 있는 날이 오기를 기대하고 있어요.

주암호 큰오색딱다구리를 만나다

짧은 가을이 가고 벌써 겨울이 찾아왔어요. 하루하루 계절의 경계는 분명하지 않아도, 어느새 두꺼운 외투를 껴입은 모습들을 보니 겨울이 왔음을 실감하게 돼요. 여름내 푸른빛을 품었던 숲속 나무는 잎을 모두 떨구고 앙상한 가지를 드러냈어요. 왕성하게 활동하던 곤충, 양서류, 파충류 따위의 동물도 이제 눈에 띄지 않아요. 추운 겨울, 대지는 얼어붙고 모든 생명은 잠들어 있는 듯 보여요.

하지만 매서운 추위에도 생명 활동은 결코 멈추는 법이 없어요. 자연 속 생명들은 생존을 위해 쉼 없이 투쟁하며 살아가요. 그저 인간의 눈에만 잠든 것처럼 보일 뿐이에요. 땅속에 묻힌 씨앗은 싹을 틔우기 위한 준비를 벌써 시작하고, 나무 속에서 겨울을 보내는 애벌레 역시 따뜻한 봄에 나비가 되기 위한 준비를 하고 있어요.

한여름, 주암호의 모습이에요.

　찬 바람이 몰아치는 어느 겨울날, 겨울 철새들을 만나기 위해 주암호를 찾았어요. 주암호는 화순과 보성, 순천 일대에 걸쳐 형성된 인공 호수로 겨울철이 되면 다양한 종류의 철새들이 찾아오는 곳이에요. 호수에는 비오리, 쇠오리, 논병아리 등이 헤엄치고 있었어요. 한쪽에 자리를 잡은 후 녀석들을 관찰하기 시작했어요. 잠시 후 주변 숲에서 경쾌한 소리가 들려왔어요. 소리가 나는 곳으로 걸음을

큰오색딱다구리가 부리로 나무를 두들기고 있어요.

옮기자, 울긋불긋 화려한 깃털로 온몸을 치장한 큰오색딱다구리 한 마리가 보였어요. 녀석은 사람이 오는 것을 별로 신경 쓰지 않고 열심히 부리로 나무를 두들기고 있었어요.

우리나라에 사는 딱다구리 종류에는 까막딱다구리, 쇠딱다구리, 오색딱다구리, 큰오색딱다구리, 청딱다구리, 크낙새 등이 있어요. 딱다구리면 다 같은 새인 줄 알았는데, 생각보다 그 종류가 다양하다는 생각이 들 거예요. 그중 오색딱다구리는 우리 주변에서 가장 쉽게 만날 수 있는 녀석이에요. 공원이나 숲에 가면 먹이 활동을 하는 모습을 볼 수 있어요. 오색딱다구리라는 이름처럼 다섯 가지 색깔의 깃털이 온몸에 나 있어서 쉽게 녀석을 발견할 수 있어요. 혹시 녀석의 모습이 보이지 않더라도 조금만 귀를 기울이면 나무를 두들기는 녀석들의 소리를 들을 수 있어요.

겨울은 야생 동물에게 힘겨운 계절이에요. 먹을 게 부족해지기 때문이지요. 이는 대부분의 새들에게도 마찬가지예요. 녀석들은 풍

전국에 걸쳐 서식하는 쇠딱다구리(왼쪽)와 청딱다구리(오른쪽)예요.

성한 수확의 계절인 가을이 지나면 힘든 시기를 보내야 해요. 먹이가 되는 열매나 곡식은 온데간데없고, 곤충이나 겨울잠을 자는 양서류 같은 동물은 자취를 감춰 버리니까요. 하지만 딱다구리만큼은 달라요. 녀석들은 숲이 꽁꽁 얼어붙은 한겨울에도 신선한 먹이를 찾을 수 있어요. 튼튼한 부리로 나무 속에 숨어 있는 애벌레를 잡아먹는 것이지요. 그래서 녀석들은 추운 겨울에도 다른 새들보다 훨씬 더 적극적인 방법으로 먹이를 찾아 나선답니다.

큰오색딱다구리는 나무 위를 자유롭게 이동해 다녀요. 날갯짓으로 날아다니는 것이 아니라 통통거리듯 상하좌우 가리지 않고 거침없이 뛰어다녀요. 녀석이 나무 위에서 이런 몸놀림을 보일 수 있는 것은 날카로운 발톱 덕분이에요. 갈고리 모양의 발톱으로 나무를 꽉 붙잡아 단단히 몸을 고정하거든요. 또 큰오색딱다구리는 나무에 수직으로 매달릴 때 꽁지깃을 적극적으로 활용해요. 꽁지깃을 나무에 기댄 채 버티면서 균형을 잡는 거예요. 그 모습이 마치 다리가 하나 더 달린 듯한 느낌을 주어요. 덕분에 녀석은 나무에서 떨어지지 않고 나무를 두들기며 먹이 활동을 할 수 있답니다.

큰오색딱다구리는 나무 위를 자유자재로 돌아다니면서 이곳저곳 나무를 쪼아 대요. 나무 속에서 잠을 자는 애벌레를 찾기 위해서예요. 딱다구리가 단단한 부리로 힘껏 나무를 두들기면 그 충격으로 나무 속에 잠들어 있던 애벌레가 밖으로 나와요. 그러면 녀석들은 기다란 혀를 이용하여 잽싸게 먹이를 낚아채요. 딱다구리가 숨어 있는 먹이까지 꺼내 먹을 수 있는 이유예요.

그런데 딱다구리가 하루 종일 나무에 부리를 부딪치면서도 멀쩡한 이유는 무엇일까요? 도대체 녀석들은 그 엄청난 충격을 어떻게 견디는 것일까요? 과학자들의 연구 결과에 따르면, 우선 녀석들은 위아래 부리의 길이가 각각 다르다고 해요. 위쪽 부리가 아래쪽 부리보다 1.6밀리미터가량 조금 더 길다는 거예요. 고작 1센티미터도 안 되는 작은 차이가, 뇌가 받는 충격에 어떤 의미 있는 영향을 줄

큰오색딱다구리가 부리로 나무를 쪼아 구멍을 냈어요.

까 싶어요. 하지만 부리 길이의 이런 차이는 딱다구리의 생존에 큰 영향을 미친다고 해요. 부리 길이가 서로 다르면 나무에 부딪칠 때 생기는 충격을, 먼저 닿은 부리가 흡수할 수 있기 때문이에요. 게다가 딱다구리는 다른 동물에 비해 충격을 누그러뜨릴 수 있는 뇌수가 머리뼈 속에 더 많이 들어 있다고 해요. 덕분에 딱다구리는 머리에 가해지는 엄청난 충격을 이겨 낼 수 있는 것이랍니다.

어떤 이들은 딱다구리가 산림에 해를 주는 동물이라고 여기기도 해요. 나무에 여러 개의 구멍을 뚫어 놓으면 나무가 성장하는 데 방해가 된다고 생각하거든요. 하지만 이는 인간의 관점에서 바라본 좁은 생각일 뿐이에요. 나무의 치유력은 생각보다 훨씬 뛰어나요. 구멍은 자연적으로 재생되고, 오히려 딱다구리가 나무 속에서 살아가는 각종 해충들을 잡아 주어 나무들이 더 건강하게 성장할 수 있어요.

딱다구리가 뚫어 놓은 구멍은 그저 나무에 상처를 주는 것으로 끝나는 것이 아니에요. 스스로 나무에 구멍을 내지 못하는 하늘다람쥐나 다른 새들의 보금자리로도 사용된답니다. 사람들처럼 쓰고 버리는 것이 아니라, 한번 만들어 두면 두고두고 쓰이는 것이지요. 자연 속 동물들은 피도 눈물도 없는 약육강식의 세계에 있지만, 결국 서로 관계를 맺고 영향을 주고받으면서 숲을 건강하게 만드는 방향으로 살아가요.

고금도에서 삵을 만나다

전남 완도의 한 작은 섬, 겨울 철새를 만나기 위해 저수지 한쪽에 자리를 잡았어요. 카메라를 설치하고 있는데 멀리서 갈대가 바스락 움직이는 소리가 들렸어요. 아무것도 보이지 않았지만, 이쪽으로 무엇인가 접근하고 있는 듯했어요. 잠시 후, 녀석의 정체가 드러났어요. 바로 삵이었어요. 삵은 사람이 주변에 있는 줄도 모르고 점

섬 저수지에서 만난 삵이에요.

점 가까이 다가왔어요. 녀석과의 거리는 불과 2미터 남짓한 거리, 야생의 삵을 이렇게 가까이서 보기는 처음이었어요. 녀석과 눈이 마주쳤어요! 하지만 녀석은 잠복하고 있는 선생님을 보지 못했어요.

카메라 셔터를 눌렀어요. 셔터 소리에 녀석이 잔뜩 긴장한 표정으로 선생님이 있는 곳을 쳐다보았어요. 야생 동물이 누군가와 마주칠 때 가장 먼저 하는 행동은 상대를 확인하는 거예요. 상대가 나보다 강한지, 약한지 재빠르게 판단하는 것이지요. 상대가 자신보다 약한 녀석이면 도망치지 않고 평온하게 가던 길을 가겠지만, 자신보다 강한 녀석이면 재빨리 몸을 피해야 해요. 삵도 마찬가지였어요.

삵이 경계하는 표정으로 쳐다보고 있어요.

다시 한번 카메라 셔터를 눌렀어요. 녀석은 여전히 선생님을 쳐다보고 있었어요. 하지만 주변에 별다른 변화가 없자 위험 요소가 없다고 생각한 것인지, 조금은 신경이 누그러진 듯 저수지 한쪽에 자리를 잡았어요.

삵이 이곳에 나타난 것은 저수지에 있는 오리를 사냥하기 위해서였어요. 삵은 물을 싫어하지 않아 사냥을 위해서라면 물속을 점프하거나 헤엄치는 것에 크게 신경 쓰지 않아요. 조금만 참고 기다리면 녀석이 오리를 사냥할 수 있을지도 모른다는 생각에 잔뜩 기대를 하였어요. 삵이 선생님을 지나쳐 개울을 건넜어요. 녀석은 잔뜩 몸을 움츠린 채 오리를 응시했어요. 하지만 저수지 주변을 산책하던 사람들의 소리가 들려오자 잠시 멈칫하더니, 갈대숲을 향해 도망쳤어요. 먹이를 잡으려는 시도도 하지 못한 채 허망하게 사냥을 끝내고 말았지요.

바깥 세계와 단절된 섬에 언제부터 녀석이 번식하고 살아온 것일까요? 육지와 섬이 하나로 연결되었던 빙하기부터 살아온 것인지, 아니면 먹이를 찾아 육지에서 바다로 건너온 것인지 정확히 알 수는 없어요. 다만 중요한 것은 녀석들이 아직 섬에 살고 있고, 섬 생태계를 더욱 풍성하게 해 주고 있다는 사실이에요.

복슬복슬한 털과 삼각형 모양의 귀, 삵은 고양이와 생김새가 비슷해요. 그래서 어떤 사람들은 종종 어린 삵을 버려진 고양이 새끼로 생각하여 집으로 데려와서 키우기도 해요. 하지만 삵은 고양이와는 다른 점이 많아요. 고양이 대부분이 물을 싫어하는 습성을 가진 것과 달리, 삵은 물을 싫어하지 않아요. 먹이를 사냥하기 위해 차가운 강을 헤엄치는 것을 전혀 두려워하지 않지요. 또 고양이보다는 몸집이 더 크고 다부지게 생겼으며, 힘도 강한 편이에요. 특히 몸길이의 절반 정도 되는 긴 꼬리가 있고, 윤기가 흐르는 털에는 진한 색의 얼룩얼룩한 점들이 나 있어요. 아주 오래전부터 삵은 고양이와는 서로 다른 방식으로 진화해 온 거예요.

고양이와 삵은 생김새가 서로 닮았어요.

삵은 주로 쥐나 꿩, 물고기, 토끼 등의 동물을 잡아먹어요. 날카로운 이빨과 잘 발달한 턱 근육을 써서 사냥감을 제압하지요. 인류는 삵의 이러한 사냥 실력을 이용하기 위해 여러 번 가축으로 삼으려는 시도를 하였어요. 집 주변에 들끓는 쥐를 잡는 데에 탁월한 실력을 발휘했기 때문이에요. 하지만 녀석들은 고양이와 달리 사람의 손에 길들여지지 않았고, 덕분에 현재까지도 야생에서 자유롭게 살아가고 있어요.

삵은 주로 밤에 활동하는 야행성 동물이에요. 밤눈이 밝아서 어두운 곳에서도 쉽게 사냥 대상을 포착하지요. 낮 동안에는 갈대 덤불이나 나무 밑 굴에서 휴식을 취하거나 잠을 자요. 하지만 먹이가 부족해지는 겨울이 되면 종종 낮에도 사냥하는 경우를 볼 수 있어요. 굶주린 배를 채우기 위해 위험을 무릅쓰고 먹이를 찾아 돌아다니는 거예요. 낮에 삵을 만난다는 것이 그렇게 반가워할 만한 일은 아닌 셈이에요.

삵은 호랑이와 표범이 사라진 지금 야생에서 최상위 포식자의 역할을 하고 있어요. 한국의 야생에서 유일하게 멸종하지 않은 고양이과 동물이 바로 삵인 셈이에요. 녀석들이 여태껏 살아남을 수 있었던 까닭은 다른 포식자들에 비해 몸집이 작아서 사람들 눈에 덜 띄는 데나, 호랑이나 표범보다는 사냥감으로서 가치가 낮다고 생각되었기 때문이에요. 삵은 다른 상위 포식자들에 비해 사람들에게 큰 피해를 주거나, 돈벌이가 되는 동물이 아니었어요. 물론 민가에 와서 가축을 노리기는 했지만 사람들을 다치게 하지는 않았어요. 그 이유로 녀석들은 사냥의 주요 표적에서 벗어날 수 있었고, 결국 멸종을 피할 수 있었답니다.

다시 봄

떠나지 못한 큰고니, 겨울잠에서 깬 구렁이

떠나지 못한 큰고니, 겨울잠에서 깬 구렁이

지난겨울, 강진만은 흰색으로 물들었어요. 천여 마리의 큰고니가 거뭇거뭇한 갯벌을 뒤덮은 탓이에요. 검은 도화지 위를 하얗게 수놓은 듯한 거대한 규모의 큰고니 집단은 온종일 아름다운 장관을 보여 주었어요. 그런데 지금은 녀석들 모습이 전혀 보이질 않아요. 이미 자신들이 나고 자란 고향, 바로 몽골과 시베리아 지역 등으로 떠난 거예요. 해는 점점 길어지고, 날씨는 조금씩 따뜻해지고 있어요. 하지만 그것만으로는 봄이 오고 있다는 사실이 잘 느껴지지 않아요. 큰고니가 강진만을 떠나는 것, 그것이 선생님에게는 진짜 봄이 왔음을 실감하게 하지요.

큰고니가 머물렀던 곳들을 차례차례 둘러보았어요. 녀석들이 있던 자리에는 마도요, 노랑발도요, 뒷부리도요 같은 도요새 무리가 쉬고 있었어요. 고향으로 돌아가던 중 잠깐 쉴 겸 내려앉은 거예요.

봄이 되면 도요새 무리가 우리나라를 찾아와요.

갯벌을 지나 사람들의 출입이 거의 없는 나대지로 들어섰어요. 지난 겨울 큰고니를 비롯해 다양한 종류의 오리 무리가 월동하던 곳이었어요. 역시 이곳에도 큰고니는 보이지 않았어요. 그때 갈대밭 사이

에서 먹이 활동을 하는 커다란 몸집의 새 한 마리가 보였어요. 큰고 니였어요. 반가운 마음도 잠시, 녀석이 왜 혼자 이곳에 남은 것인지 의문이 들었어요.

녀석은 어떤 상태인 걸까요? 대개 무리와 함께 떠나지 못하는 녀석들은 건강에 문제가 있는 경우가 많아요. 특히 날개를 다쳐 비행을 하지 못하는 녀석들이 대부분이에요. 이는 곧 죽음으로 이어질 가능성이 매우 크지요. 겨울 철새인 녀석이 혼자서 무더운 우리나라의 여름을 버티기란 쉽지 않은 일이기 때문이에요.

멀리서 보기에 녀석은 그저 평범하고 건강해 보이기만 했어요. 위협을 느끼지 않도록 조금씩 큰고니에게 가까이 다가가 보았어요. 녀석은 선생님을 경계하며 다른 곳으로 움직이다가 일정한 거리가 유지되면 이동을 멈추고 다시 먹이 활동을 계속하였어요. 조금 더 가까이 가자 위협을 느꼈는지 요란하게 날갯짓을 하며 날아갔어요. 그것으

지난겨울, 강진만을 수놓은 큰고니 무리(왼쪽)와 봄에 홀로 남은 큰고니(오른쪽)의 모습이에요.

로 녀석이 비행하는 데 별 무리가 없는 상태임을 확인하였어요. 며칠 뒤, 다시 그곳을 찾았을 때 녀석은 더 이상 보이지 않았어요. 혼자서 시베리아로 떠난 것인지, 아니면 다른 곳으로 이동한 것인지, 그것도 아니면 포식자에게 잡아먹혔는지 알 수는 없었어요. 그저 무사히 시베리아로 떠나 무리와 합류하였기만을 바랄 뿐이었어요.

이번에는 강진만 갯벌과 가까운 야산을 찾았어요. 산에 오른 지 얼마 되지 않아 반가운 녀석을 만났어요. 이제 막 겨울잠에서 깬 것으로 보이는 황금빛 구렁이였어요. 녀석은 새순이 돋아난 부드러운 풀잎 위에 앉아 따뜻한 봄 햇볕을 쬐고 있었어요. 그래도 처음 녀석과 마주쳤을 때는 순간적으로 몸이 움찔했어요. 뱀에 대한 두려움

겨울잠에서 깨어난 황금빛 구렁이예요.

이 몸속에 녹아 있는 본능적인 반응이었지요. 하지만 녀석이 온순한 구렁이임을 알아차리고 난 후에는 이내 마음이 편안해졌어요.

녀석들은 누가 알려 주지 않아도 가을이 되면 겨울잠을 자고, 봄이 되면 잠에서 깨어나요. 구렁이가 겨울잠을 자고 깨는 것은 혼자만의 행위 같아 보이지만 사실은 그렇지 않아요. 이는 모든 동식물과의 관계 속에서 이루어져요. 구렁이가 겨울잠에서 깼다는 것은 녀석들의 먹이 동물들이 많아졌다는 것을 의미해요. 겨우내 동면에 들었던 개구리가 활동을 시작하고, 여름 철새들이 번식을 위해 하나둘씩 숲으로 찾아오는 것이지요. 겨울에도 날씨가 따뜻하고 먹잇감이 많다면 굳이 겨울잠을 자지 않아도 될 거예요. 이렇듯 녀석들은 얽히고설킨 관계 속에서 서로 영향을 주고받으며 살아가요.

자연은 늘 변해요. 일 분 일 초, 잠시라도 절대 멈춰 있는 법이 없어요. 어떤 녀석들이 떠나면 다시 그 자리를 또 누군가가 대신해요. 큰고니가 떠난 강진만 갯벌에는 흰발농게, 농게, 칠게 등이 겨울잠에서 깨어나 왕성한 활동을 시작하고 있어요. 물총새와 뻐꾸기 등의 여름 철새도 이곳을 찾아와 알을 낳고 새끼를 기를 거예요. 자연을 관찰하고 있노라면 언제나 생명에 대한 경이로움과 함께 새로운 세상을 만끽할 수 있어요. 그것이 바로 생명체를 만나는 일에서 손을 놓지 못하는 이유랍니다.